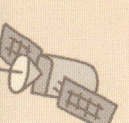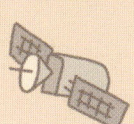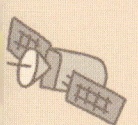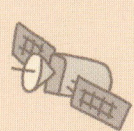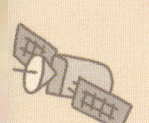

# 쓰레기에서 찾은 불평등 이야기

◆ 생각하는 어린이 사회편 ⑦

# 쓰레기에서 찾은 불평등 이야기

| | |
|---|---|
| **초판 발행** | 2023년 02월 20일 |
| **초판 2쇄** | 2024년 08월 10일 |
| | |
| **글쓴이** | 하영희 |
| **그린이** | 이진아 |
| **펴낸이** | 이재현 |
| **펴낸곳** | 리틀씨앤톡 |
| **출판등록** | 제 2022-000106호(2022년 9월 23일) |
| **주소** | 경기도 파주시 문발로 405 제2출판단지 활자마을 |
| **전화** | 02-338-0092 |
| **팩스** | 02-338-0097 |
| **홈페이지** | www.seentalk.co.kr |
| **E-mail** | seentalk@naver.com |
| **ISBN** | 978-89-6098-877-4  74800 |
| | 978-89-6098-827-9 (세트) |

ⓒ 2023. 하영희

- 저작권법에 의하여 한국 내에서 보호를 받는 저작물이므로 무단전재 및 복제를 금합니다.
- KC마크는 이 제품이 공통안전기준에 적합하였음을 의미합니다.

| | | | | | | | | | |
|---|---|---|---|---|---|---|---|---|---|
| **모델명** | 쓰레기에서 찾은 불평등 이야기 | **제조년월** | 2024. 08. 10. | **제조자명** | 리틀씨앤톡 | **제조국명** | 대한민국 |
| **주소** | 경기도 파주시 문발로 405 제2출판단지 활자마을 | **전화번호** | 02-338-0092 | **사용연령** | 7세 이상 |

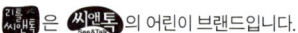은 의 어린이 브랜드입니다.

# 쓰레기에서 찾은 불평등 이야기

하영희 글 | 이진아 그림

## 작가의 말

### 우리가 버린 쓰레기는 어디로 갈까요?

환경을 생각하는 사람들은 일회용 플라스틱 용기와 비닐을 씻은 후 말려서 버려요. 학교나 회사에서도 플라스틱이나 종이 쓰레기를 재활용 표시가 있는 쓰레기통에 버리지요. 매주 정해진 요일이 돌아오면 우리가 이렇게 애써서 모아 놓은 재활용 쓰레기는 커다란 자루에 담겨서 어디론가 사라져요. 꽤 많은 양이 한 주도 쉬지 않고 쌓이는데 과연 모두 재활용될까요?

몇 년 전 중국 정부가 더 이상 플라스틱이나 종이 등 재활용 폐기물을 수입하지 않겠다고 선언했어요. 이후로 우리나라의 주택가에 재활용 쓰레기를 담은 거대한 비닐 자루가 쌓여 있는 모습이 방송에 보도되었어요. 특히 제주도는 관광객들이 버린 플라스틱 생수병이 아름다운 관광지를 차지했어요. 중국이 쓰레기를 수입하지 않기로 결정한 이유는 경제 사정이 좋아져서 이제 환경을 더 생각하기로 했기 때문이에요. 그렇다면 우리나라는 이제 더 가난한 나라를 찾아서 쓰레기를 수출해야 할까요?

　물건을 사는 순간 나오는 쓰레기는 일반 쓰레기든 재활용 쓰레기든 모두 아무 관련 없는 다른 누군가에게 고통을 주고 있어요. 특히 그 고통은 힘이 없는 사람들에게 집중돼요. 국가, 계급, 지역에 따라 일어나는 사회적 불평등은 쓰레기 문제에서도 고스란히 드러나요. 경제적으로나 정치적으로 약자여서 다른 사람이 버린 쓰레기 때문에 삶의 터전을 위협받는 일이 우리 주변에서 계속 일어나고 있어요.

　쓰레기가 내 눈앞에서 사라졌다고 문제가 없어진 것은 아니었지요. 누군가는 그 쓰레기로 고통을 받고 있다는 사실을 안 후로 물건을 살 때 한 번 더 생각하게 되었어요. 이왕이면 일회용 쓰레기를 줄이려고 노력하는 기업들의 물건을 사지요. 쓰레기가 나오는 온라인 쇼핑은 줄이고 오프라인 매장에서 사요. 하지만 이전보다 덜 귀찮고 가끔 뿌듯할 때도 있답니다.

하영희

# 차례

작가의 말  4

## 제1장 도시와 지방 간 불평등  9
시골 마을에 핵폐기물 처리장이 들어온대요  10
핵폐기물이 왜?  20
불평등을 찾았다!  25
그래서 지금은?  28

## 제2장 국가 간 불평등  31
쓰레기를 한국으로 되가져가세요  32
한국 쓰레기가 왜?  42
불평등을 찾았다!  46
그래서 지금은?  49

## 제3장 소득 간 불평등  51
마을이 발전해도 떠나야 해요  52
재활용 공장이 왜?  61
불평등을 찾았다!  65
그래서 지금은?  68

## 제4장 신분 계급 간 불평등   73
신분 계급이 미래를 정할 순 없어   74
신분 제도가 왜?   84
불평등을 찾았다!   88
그래서 지금은?   91

## 제5장 기업과 개인 간 불평등   95
우리 학교에 괴물이 산다   96
산업 쓰레기가 왜?   104
불평등을 찾았다!   108
그래서 지금은?   111

## 제6장 기술 간 불평등   115
오싹한 캠핑   116
우주 쓰레기가 왜?   125
불평등을 찾았다!   129
그래서 지금은?   133

## 시골 마을에 핵폐기물 처리장이 들어온대요

**여름방학**

일본 오사카에 살고 있는 쇼타는 여름방학을 맞아 홋카이도의 바닷가 근처에 사시는 할아버지 댁에서 지내고 있어요. 매일 낚시하고 수영하느라 시간 가는 줄 몰랐지요.

그러던 어느 날 마을에 원자력 발전소에서 나온 핵폐기물 처리장이 들어온다는 소식이 전해지자 조용하던 마을이 뒤숭숭해졌어요. 사람들은 찬성하는 쪽과 반대하는 무리로 나뉘어 자신의 주장이 옳다며 물러서지 않았지요.

결국 마을 회관에서 이 문제로 설명회가 열렸어요. 쇼타는 할아버지와 옆집 유키 아저씨 차를 타고 함께 가기로 했어요. 할아버지는 쇼타에게 집에 있어도 된다고 하셨지만 쇼타는 어른들이 왜 싸우는지 궁금했어요.

"앞으로 제가 살 마을의 일인데 저도 알아야지요."

쇼타의 말에 유키 아저씨가 웃었어요.

"허허허, 네 아버지는 도시로 떠났는데 너는 다시 마을로 돌아온다고? 나는 대환영이다."

차가 출발하고 얼마 지나지 않아 할아버지가 말했어요.

"어제 읍장이 핵폐기물 처리장 후보지에 지원하기로 했다고 전화했어."

"네? 사람들이 이렇게 반대하는데 기어이 지원하겠다고요? 도시 사람들이 쓸 전기를 풍족하게 만들려고 우리 마을에 위험을 떠넘기다니요. 읍장이 마을을 망쳐버리게 놔둘 수 없어요."

"읍장 말로는 마을이 파산 직전이라더군. 이렇다 할 일자리가 없으니 젊은 사람들이 도시로 나가고 나면 인구가 줄어서 유령 마을이 될 거라는 거야. 마을에 뭐라도 들여와야지 일자리가 생길 것 아니냐고. 우리 아들도 도시로 나갔으니 할 말이 없네."

유키 아저씨가 한숨을 쉬었어요.

"틀린 말은 아니지만 아무리 급해도 들일 것이 따로 있지 후쿠시마 원자력 발전소 사고를 보고도 그런 말을 한대요? 핵폐기물 처리장이 있는 지역의 농산물을 누가 사 먹겠어요?"

그 말을 듣고 쇼타가 물었어요.

"아저씨, 핵폐기물 처리장이 들어오면 마을이 왜 망가져요?"

"핵폐기물은 원자력 발전소에서 전기를 만들면서 나온 쓰레기야. 그 쓰레기를 처리하는 곳이 핵폐기물 처리장이지. 그런데 혹시라도 지진 같은 자연재해가 나서 방사선이 새어 나오면 사람, 동물, 식물뿐만 아니라 땅과 물까지 모두 오염되거든."

"엄마가 병원에서 방사선 치료를 받고 있는데 방사선은 좋은 거 아니

에요?"

"환자의 치료를 위해 사용하기도 하지만 네 엄마가 방사선 치료를 받고 얼마나 힘들어하는지 알지? 아주 적은 양에 노출되었을 뿐인데도 머리카락도 다 빠지고 계속 토했던 거. 핵폐기물에서 나오는 방사선은 병원에서 쓰는 것 보다 백배 천배 더 강해."

그 말을 듣고 쇼타는 그 많은 방사선에 사람이 노출된다면 어떤 일이 벌어질지 상상할 수도 없었어요.

## 분열된 마을

마을 회관에 도착하자 시청에서 나온 공무원이 핵폐기물 처리 시설이 얼마나 안전한가에 대해 이야기하고 있었어요. 복잡한 설계도 앞에서 어떤 곳이 핵폐기물 시설을 짓기 안전한 지역인지, 그리고 위험에 대비하여 어떤 조치를 취하고 있는지도 설명했어요.

그의 말이 끝나자 읍장이 마이크를 잡았어요.

"자, 얼마나 안전한지 잘 들으셨죠?"

하지만 처리장 조사에 반대하는 쪽에서 즉시 반박했어요.

"읍장은 도대체 어느 마을 읍장이랍니까? 우리 지역 사람들을 위해 일해야 할 사람이 맨날 도시 사람들 편을 들고 있으니."

읍장이 난처해하며 말했어요.

"아닙니다. 이 조사는 마을을 위한 일입니다. 핵폐기물 처리장을 만들기에 적합한지 조사에 응하기만 해도 220억 원의 지원금을 준대요. 어차피 이대로 가다가는 이 마을의 젊은 사람들은 모두 직장을 구하러 떠나고 노인들만 남을 거예요. 그 전에 지원금으로 마을을 발전시켜서 일자리를 만들고 사람들이 우리 마을로 돌아오게 하자는 겁니다. 조사에 응한다고 처리장이 들어오는 것에 찬성한다는 것은 아니에요."

읍장이 변명하듯 말하자 이번에는 유키 아저씨가 일어났어요.

"선정에 찬성하지도 않으면서 조사에 응하는 것이 말이 돼요? 조사에 응하는 것 자체가 선정에 찬성한다는 의견을 나타내는 것입니다. 다른 지역을 돌아보세요. 원자력 발전소가 들어서는 곳마다 깨끗하고 안전하다고 홍보했지만 후쿠시마 원자력 발전소에서 사고가 난 뒤로 모두 외면하고 있어요."

조사에 반대하는 다른 사람이 말을 이었어요.

"후쿠시마 원자력 발전소도 안전하다고 광고했어요. 매연이 나오지 않아서 깨끗하고 안전장치도 철저히 해서 지진이 나도 끄떡없다고요. 하지만 지진이 나고 쓰나미가 덮치자 원자력 발전소가 터지면서 그 주변 마을이 쑥대밭이 되었어요. 말이 좋아 핵폐기물 처리장이지 결국 방사능에 오염된 쓰레기를 태우고 묻겠다는 것인데 자연재해가 나면 누가 안전을 보장할 수 있겠어요?"

그 말에 많은 사람들이 고개를 끄덕였어요. 그러자 이번에는 핵폐기물 처리장 조사에 찬성하는 사람이 손을 들었어요.

"우리 집은 물려줄 농장도 없고 돈도 없어요. 우리 아이들은 모두 도시에 나가서 일하는데 처리장이 생기면 다시 돌아올 수 있어요. 일자리가 생기고 안전하다는데 못 지을 이유가 뭐가 있어요?"

찬성하는 주민의 말이 끝나기가 무섭게 조사에 반대하는 사람이 언성을 높였어요.

"진짜 안전한데 적합성 조사만 하면서 지원금은 왜 줍니까? 그렇게 안전하면 도쿄 한복판에 핵 쓰레기를 묻으라고 하세요. 도시 시민들의 건강은 중요하고 농어촌 사람들의 건강은 중요하지 않다는 말입니까? 도시 사람들만 세금 냅니까? 우리도 꼬박꼬박 냅니다!"

"우리가 언제 도시 사람들에게 공짜로 도움을 받은 적 있습니까? 인구수가 적다고 원자력 발전소나 핵폐기물 처리장 같은 더럽고 위험한 시설을 지방에 짓고 있어요."

## 핵폐기물 처리장이 들어오는 것을 막아야 해요

유키 아저씨와 할아버지, 쇼타는 착잡한 마음을 안고 집으로 돌아왔어요. 쇼타가 밖에서 들리는 풀벌레 울음소리에 귀를 기울이고 있는데 유키 아저씨가 물었어요.

"쇼타, 우리 마을이 왜 좋니? 도시에 재미있는 것이 더 많을 텐데."

"오사카에서 노는 것보다 이곳에서 노는 게 훨씬 좋아요. 아저씨 농장에서 버섯을 돌보는 것도 재미있고 할아버지 녹차 밭에서 녹차 잎을 따는 것도 좋아요. 개구리, 장수풍뎅이, 사슴벌레도 만질 수 있고요. 장난감 모형이 아니라 진짜 살아 있는 생명체잖아요. 저 풀벌레 울음소리도 진짜고 여기에 있는 모든 것이 다 진짜예요. 그래서 아빠가 엄마의 항암 치료가 끝나면 이곳으로 이사 오는 것이 어떠냐고 하셨을 때 좋다고 했어요."

유키 아저씨가 대답했어요.

"그렇구나. 오늘 읍장과 찬성하는 사람들 말을 들어보니 그들의 입장도 일리가 있어. 하지만 무엇보다 중요한 건 왜 쓰레기를 우리 지방 사람들에게 떠넘기려 하느냐는 거야."

아저씨가 다시 할아버지께 말했어요.

"설명회에서 보니 반대하는 사람 중 이곳에 농장을 하며 대대로 사시

던 분들이 많았어요. 농장을 하는 주민에게 원자력 발전소 사고가 났던 후쿠시마 주변의 농작물에 대한 방사능 피해 사례와 암 발병률을 정리해서 알리면 어떨까요?"

"오, 좋은 생각이야. 내가 정부 지원금을 받지 않고 공정하게 조사하는 연구소를 알고 있어. 도와달라고 하면 좋은 자료를 얻을 수 있을 거야."

할아버지 말씀에 쇼타도 나섰어요.

"저도 인터넷으로 해외 자료를 구해 볼게요. 친구에게 외국어 번역기 사용 방법을 배웠어요. 저처럼 마을로 오려고 하는 가족들이 있을지도 모르니 농장을 하지 않는 사람들에게도 함께 알려요."

"그래, 해외 사례가 있겠구나. 내가 혐오 시설 말고 다른 사업으로 마을을 발전시킨 경우가 있는지 찾아봐야겠다. 언젠가 헌책방으로 유명해진 영국의 작은 시골 마을에 대한 기사를 본 적이 있어. 반대하는 사람들과 찬성하는 주민들 모두 결국 마을의 발전을 원하고 있어. 함께 고민하다 보면 좋은 아이디어가 나올 거야."

유키 아저씨의 말에 할아버지께서 환한 표정으로 말씀하셨어요.

"벌써 날이 어두워졌어. 우리 밥부터 먹고 힘내서 계획을 짜 보세."

세 사람은 일어나 어두운 집에 불을 밝혔어요.

## 완전히 안전한
## 핵폐기물 처리 방법은 없어요

**핵폐기물의 위험성**

　물질을 이루는 기본 입자를 원자라고 해. 원자의 중심에 있는 원자핵이 분열할 때 2~3개의 중성자와 많은 에너지가 나와. 이 중성자가 또 다른 원자핵과 부딪혀 다른 중성자와 에너지를 발생시키고 이런 핵분열이 반복되면서 거대한 에너지가 발생해. 이 에너지로 폭탄을 만들면 핵폭탄이 되고 전기를 만드는 기계를 돌리면 원자력 발전소가 되지. 원자의 핵분열에서 나오는 에너지를 이용한 발전소이기 때문에 핵발전소라고 하는 것이 맞지만 우리나라와 일본만 원자력 발전소라고 부르고 있어.

　원자력 발전소에서는 핵분열을 일으키는 방사성 물질을 연료로 사용해

전기를 만들기 때문에 이 과정에서 많은 방사선이 나와. 원자력 발전소에서 나오는 방사선에 오염된 부품과 작업복 등을 핵폐기물이라고해. 그중 방사선에 가장 심하게 오염된 핵폐기물은 핵분열을 하며 전기 에너지를 만들던 원자핵이야. 핵폐기물 등에서 나오는 방사선이 위험한 이유는 암이나 기형을 포함한 여러 가지 유전적인 질병을 일으킬 수 있기 때문이야.

 사실 지구상의 모든 자연에서 아주 적은 양의 방사선이 나오고 있어. 우리가 병원에서 엑스레이 사진이나 CT를 찍을 때, 비행기를 탈 때는 더 많이 나오지. 이렇게 몸이 방사선에 노출되는 것을 피폭이라고 해. 자연 방사선의 양은 1년 평균 1만 명 중 2~3명이 암에 걸릴 수 있는 양인 데 반해 핵폐기물에서 나오는 방사선은 한 시간 안에 사망할 정도로 강력해.

### + 지식플러스

## 방사능이 기준치 이하여도 방심하면 안 돼요

원자핵이 불안정한 상태에서 안정한 상태가 되기 위해 내보내는 전자기파와 입자를 방사선이라고 해요. 방사선을 내보내는 것을 방사능이라고 하고요. 우리나라의 방사능 허용 기준치는 1년에 1만 명 중 한 명이 암에 걸릴 확률 정도의 양이에요. 일본도 후쿠시마 원자력 발전소 사고가 일어나기 전까지 우리나라와 기준치가 같았지만 사고 이후 20배 높게 올렸어요. 너무 많이 오염되어서 이전과 같은 기준치를 유지하면 후쿠시마 대부분 지역의 주민을 피신시켜야 하기 때문이었어요. 어린이는 방사능에 더욱 위험하기 때문에 후쿠시마 주민들은 어린이에 대한 기준치만이라도 유지해 달라고 했지만 정부는 거부했어요. 하지만 기준치 이하면 안전하다는 의학적 근거가 없어요. 방사능 수치는 방사능 양에 따라 암에 걸릴 확률일 뿐이고 사람마다 방사능에 대한 반응이 다르기 때문이에요.

## 핵폐기물을 처리하는 방법

핵폐기물에는 원자력 발전소에서 핵분열을 마친 우라늄 같은 핵연료, 핵연료를 식힐 때 쓴 냉각수, 나사 같은 교체 부품, 작업복, 모자, 장갑, 청소용품, 세탁 시에 나온 물 등이 있어.

사용 후 핵연료는 방사능 농도가 가장 짙은 쓰레기야. 발전소에서 3~5년간 핵분열을 하며 연소한 연료는 교체하는데, 이를 '사용 후 핵연료'라고 해.

온도가 높고 독성이 강해서 7년 동안 수조에서 열을 식힌 뒤 땅이나 바다에 묻어서 외부와 차단시켜. 10만 년 정도는 지나야 위험하지 않을 정도의 방사선을 내는 원소로 변하기 때문에 핵폐기물 시설이 위치한 지역 주민들과 미래 세대에게 부담이 된다는 비판이 있어.

핵연료보다 방사능 농도가 낮은 작업복, 원자로 부품 같은 쓰레기는 중준위 폐기물이라고 해. 불에 태워서 재로 만들고 타지 않는 물질과 함께 드럼통에 넣어 콘크리트로 굳힌 후 깊은 바다에 버리거나 땅속에 묻어. 액체 폐기물은 농축해서 드럼통에 넣거나 화학 처리 후 바다에 버리지. 기체 폐기물은 필터로 여과해 공기 중으로 방출해. 결국 전기를 만드느라 발생한 방사능 양은 줄어들지 않아.

그래서 핵폐기물 처리장은 지진의 위험이 없고 지하수가 흐르지 않는 단단한 땅이나 화산이 없는 안정된 지역에 지어야 해. 또한 인구 밀집 지역이나 자원 개발이 가능한 지역은 피하고 핵폐기물에서 나오는 열을 잘 식혀 줄 물질이 많은 곳이어야 하지.

## 도시에서 나온 쓰레기를 지방에서 처리해요

> 왜 지방에 쓰레기 처리장을 만들려고 할까요?

병원이나 학교처럼 사람들이 좋아하는 시설은 인구수가 많은 곳에 먼저 세워져. 사람들이 점점 더 도시로 모이면서 지방의 정치인들은 인구수가 적으니 지지를 해 주는 세력도 작아서 정부의 정책 결정 과정에서 소외되는 경우가 있어. 그리고 지방의 노령화가 심해지면서 쓰레기 처리 시설이나 원자력 발전소같이 사람들이 꺼리는 시설이 들어와도 항의할 힘도 약해.

도시에 지으면 쓰레기 먼지가 날리거나 냄새가 나서 민원이 끊이지 않겠지만 인구가 적은 지방은 민원도 덜 들어와. 게다가 땅값이 싸고 허가를 받기 쉽기 때문에 개발이 덜 된 곳으로 쓰레기 처리 시설이 집중 돼. 결국 도시의 쓰레기를 소외된 지방에서 처리하는 '쓰레기 불평등'이 일어나.

### 도시와 지방의 불평등은 왜 발생했을까요?

인류의 역사가 농경 사회에서 산업 사회로 변하던 산업 혁명 이후 농경 사회에 비해 도시 사회가 경제적인 면에서 빨리 발달하기 시작했어. 이전에도 도시와 지방의 차이가 있었지만 제조업의 성장으로 농촌의 인구가 도시로 이동했고 도시와 지방 간 경제 불균형은 더욱 심해졌지.

교통 시설, 의료 시설, 교육 시설 등 사회 기반 시설도 인구가 많은 도시를 중심으로 들어섰어. 생활이 편리한 도시로 더욱 많은 인구가 유입되었고 이들이 사용할 전기를 만들거나 쓰레기를 처리하는 시설은 지방에 지어졌지. 환경을 오염시키는 공장들이 도시 외곽으로 이동하면서 지방의 공기와 물, 토양을 오염시켰어.

## ➕ 지식플러스

### 님비 현상(NIMBY: Not In My Backyard)

필요성은 알지만 주변에 위험하거나 해로운 영향을 주고 자신이 속한 지역에만 이익이 되지 않는 시설이 자신이 살고 있는 지역에 들어서는 것을 꺼리는 현상이에요. 예를 들어 원자력 발전소, 쓰레기 처리장, 화장장, 교도소 같은 시설이 있어요.

## 도시에 쓰레기 처리장을 짓고 탈핵을 선언한 나라들

**관광 명소가 된 쓰레기 소각장 아마게르 바케**

덴마크의 수도 코펜하겐에는 스키장으로 사랑받는 쓰레기 소각장이 있어. 오래된 발전소를 다시 짓기 위해 건물 디자인 공모를 받았고 전 세계에서 다양한 의견이 들어왔어. 그런데 한 디자인 그룹이 옥상에 스키장을 만들자는 제안을 했고 만장일치로 이 설계안이 채택되었어.

덴마크는 평야라서 산이나 언덕이 없는데 스키장이 생겼으니 관광 명소가 되었지. 덴마크 사람들은 매년 53만 명이 스키를 타러 스웨덴, 노르웨이, 알프스 등으로 갔었는데 이제 인조 잔디가 깔린 아마게르 바케에서 사계절 스키를 탈 수 있어.

그런데 이 소각장은 스키장 역할만 하는 것이 아니야. 핵이나 석탄이 아닌 코펜하겐과 인근에서 나오는 쓰레기를 태워서 전기와 온수를 만드는 열병합 발전소이기도 해. 쓰레기를 태울 때 1000도가 넘는 열이 발생하는데 이 열로 고압 증기를 만들어 전기를 만들거나 온수를 끓여 지역 난방수로 공급해. 코펜하겐 시가 쓰는 난방 에너지의 98%를 담당하고 있지.

## 탈원전을 선언하는 나라

여러 나라들이 경제적이고 깨끗하다는 이유로 원자력 발전소를 지었어. 석탄이나 석유를 태우면서 나오는 매연이 없으니 공기를 오염시키지 않으니까. 하지만 핵폐기물의 처리 비용, 사고 대비 비용, 방사능 오염의 문제 때문에 원자력 발전소를 더 이상 짓지 않고 가동을 중지하거나 폐기하려는 계획을 세우는 나라도 있어. 이러한 정책을 탈핵, 또는 탈원전이라고 하는데 유럽에 있는 나라들이 탈원전을 선언했어. 독일은 2022년까지 모든 원자력 발전소를 폐쇄하기로 결정했고 이탈리아, 스웨덴, 벨기에, 오스트리아, 스위스도 대체 에너지 개발을 통해 탈원전을 준비하고 있지. 원자력 발전소를 대신할 친환경 에너지가 없다면 에너지가 부족해지기 때문이야.

### 교과서 속 불평등 키워드

**# 고령화** 전체 인구에서 노인의 비율이 높은 것

**# 저출산** 아이를 적게 낳아서 인구 유지에 필요한 최소 합계출산율인 2.1명보다 낮은 현상

# 제2장

## 국가 간 불평등

## 쓰레기를 한국으로 되가져가세요

### 한류 열풍

필리핀 민다나오 섬에 사는 안젤라는 친구들과 매주 항구 근처에 있는 광장에서 춤 연습을 해요. 요즘 인기 있는 한국 아이돌 그룹의 댄스지요. 노래까지 따라하며 추느라 숨이 차고 땀이 쏟아졌지만 시원한 바닷바람이 불자 기분이 더 상쾌해졌어요.

그런데 그때 한 친구가 한국에서 일하는 삼촌이 보내 준 아이돌의 화보를 꺼냈어요.

"와, 정말 멋지다. 이 옷 좀 봐."

친구들이 감탄할 때 안젤라가 사진 아래에 적혀 있는 한글을 더듬더듬 읽었어요.

"사랑해요, 여러분. 이렇게 쓰여 있어."

"안젤라, 인터넷으로 한글을 배운다더니 벌써 읽을 수 있는 거야? 대단하다."

"아직 간단한 것밖에 몰라. 사촌 언니가 한국어과 대학생이라 이것저것 물어볼 수 있어."

지금 한류 문화에 빠진 사람들은 어린 학생들만이 아니에요. 어른들도 한국 드라마와 영화를 즐겨 봐요. 그래서 한국의 음식과 패션, 전통까지 관심이 많답니다. 한국 제품들까지 잘 팔리는 것은 물론이고요.

안젤라는 집으로 오는 길에도 연습했던 노래가 귓가에 맴도는 것 같았어요. 누가 먼저라고 할 것도 없이 함께 멜로디를 흥얼거리고 팔로 안무를 따라하며 걸었어요.

그때였어요. 갑자기 바람을 타고 뭔가 썩는 냄새가 코끝을 스쳤어요. 냄새를 잘 맡는 친구 한 명이 코를 킁킁거리며 말했어요.

"이상한 냄새가 나. 무슨 냄새지?"

"생선 비린내겠지, 뭐."

안젤라와 친구들은 신경 쓰지 않고 지나갔어요.

## 마을을 뒤덮은 악취의 정체

비린내라고 생각한 냄새는 하루하루 더 심해져서 이제는 항구와 떨어진 골목까지 퍼졌어요.

안젤라와 친구들은 모두 그 냄새를 맡을 수 있었어요. 그래서 이제 웬만하면 항구 근처로 가지 않고 약속 시간에 늦을 것 같은 때만 항구를 가로지르며 숨을 쉬지 않고 뛰었어요.

"헉헉, 얘들아, 항구에서 정말 코를 찌르는 냄새가 나. 도대체 어디서 나는 냄새일까? 항구는 이렇게 깨끗한데."

"냄새가 심해진 후로 어른들이 쓰레기를 더 철저하게 관리하는데 말이야. 참 이상하다."

그런데 며칠이 지나 냄새의 정체가 드러났어요. 몇 달 전부터 부둣가에 쌓여 있던 컨테이너에서 더러운 액체가 흘러나왔는데 바로 그것이 문제였지요. 이제 항구 선착장에서는 악취뿐만 아니라 해충까지 들끓었어요.

주민들은 관공서에 항의를 했고, 마침내 관세청 공무원들이 그 컨테이너를 열기로 했어요. 안젤라와 친구들도 컨테이너를 연다는 말에 항구로 달려갔어요.

마침내 공무원들이 '재활용 공정을 거친 폐기물 원료'라고 쓰여 있는 컨테이너 51개를 열자 과자 봉지, 일회용 기저귀, 고장 난 전기밥솥, 현수막 같은 생활 쓰레기가 나왔어요. 그 규모가 1400톤에 달했지요. 안젤라는 이 거대한 쓰레기가 어디의 것인지 금방 알 수 있었어요.

"저건 한국 쓰레기야!"

"정말? 그걸 어떻게 알아?"

친구들뿐만 아니라 주변에 있던 다른 사람들의 눈도 안젤라에게 쏠렸어요.

"아파트 분양 모집, 과자, 글자들이 모두 한글이에요."

그러자 여기저기서 웅성거렸어요.

"도대체 왜 한국 쓰레기가 바다 건너 필리핀 항구까지 와서 썩고 있는 거죠?"

"으윽! 정말 냄새가 지독해서 못 살겠어요."

"빨리 한국으로 돌려보내요. 누가 이런 걸 들여온 거예요?"

마을 사람들은 한국 쓰레기가 왜 여기에 있는지 궁금하기도 했지만 당장 악취 때문에 너무 괴로웠어요.

## 쓰레기를 만든 사람이 처리하라

다음 날 마을 어디에 가도 한국 쓰레기가 화제였어요.

"오늘 신문 봤어요? 한국 쓰레기가 항구 선착장에만 있는 것이 아니래요."

"이 지역의 다른 쓰레기장에도 한국 쓰레기가 산처럼 쌓여 있대요. 사촌이 거기서 농사를 짓는데 농가 인근 지역이 폐기물 처리 회사에 팔리면서 갑자기 온통 쓰레기로 뒤덮였대요."

"바람이 불면 쓰레기 먼지가 날아다니고, 비가 오면 냄새가 더 지독해지고 냇가나 강가로 더러운 물이 흘러들어 간다고 하더라고요. 심지어 마을을 떠나는 사람도 있대요."

안젤라와 친구들은 이전처럼 공원에 모였지만 항구에서 쓰레기 더미를 본 후로 더 이상 한국 아이돌의 춤을 추지 않았어요. 다른 아이들 눈

치가 보였거든요.

"안젤라, 난 이제 한국 노래라면 듣기도 싫어."

"한국이란 나라에 실망했어."

"한글만 봐도 쓰레기가 떠올라."

안젤라는 이번 일로 친구들이 자신이 좋아하는 가수까지 싫어하게 되자 속상했어요.

"한국 아이돌 잘못이 아니야. 분명 무슨 이유가 있을 거야."

안젤라가 옹호하듯 말했어요. 하지만 친구들의 화는 누그러들지 않았어요.

"맞아, 하지만 매일 한국 쓰레기 때문에 악취를 맡고 있으니까 한국 사람들도 싫어졌어."

친구들이 한마디씩 했어요.

"쓰레기를 만든 사람들이 처리도 해야지. 한국 쓰레기인데 한국으로 돌려보내는 것이 당연한 거 아니야? 왜 우리가 버리지 않은 쓰레기에서 나는 냄새까지 맡고 살아야 하는지 화가 나."

사실 쓰레기 사건 이후 안젤라도 예전만큼 한국이 좋지는 않아서 그 마음을 이해하지 못하는 것은 아니었어요.

"쓰레기 문제를 한국과 협상 중이라고 하니까 이제 해결되겠지."

하지만 몇 달이 흘러도 컨테이너는 항구에 있었어요. 위생을 위해 거대한 비닐봉지에 담아 놓았을 뿐이었지요. 이제 안젤라도 화가 나기 시작했어요. 친구들은 말할 것도 없었지요.

"도대체 한국은 언제 자기네 쓰레기를 가져가는 거야? 답답해!"

"환경 단체와 주민들이 필리핀 관세청 앞에서 시위를 벌였다고 뉴스에 나온 거 봤어? 이번에는 한국 대사관 앞에서 할 거래."

친구의 말을 들은 안젤라는 자신도 모르게 큰 소리로 말했어요.

"우리도 나가자!"

"좋아, 좋아. 우리 피켓도 만들어 가자."

안젤라와 친구들은 사촌 언니의 도움을 받아 영어와 한글로 쓴 피켓을 여러 개 만들었어요. 그리고 종이 상자들을 모아서 한글 쓰레기가 쏟아져 나온 컨테이너 모형도 만들었어요. 친구들은 걱정하며 물었어요.

"안젤라, 괜찮니? 너 한국어학과 가고 싶어 했잖아. 우리 때문에 억지로 나갈 필요 없어. 같이 피켓을 만든 것만으로 충분해."

안젤라가 쓸쓸하게 웃으며 말했어요.

"언젠가 한국 가수가 공연을 하면 직접 한글로 쓴 응원 피켓을 들고 가려고 했는데 이런 피켓을 만들다니 즐겁지 않아. 하지만 이렇게 한국 정부에 강력히 주장하는 것이 두 나라의 관계에 도움이 될 거라고 생각해."

 시위하는 날 마닐라에 있는 한국 대사관 앞은 환경 단체와 주민들, 국내외 취재진으로 가득했어요. 각종 피켓과 모형물을 들고 나온 사람들, 단체로 필리핀 전통 밀짚모자를 쓴 사람들, 쓰레기가 실린 배 모형을 만들어온 사람도 있었어요.

"빠른우편, 한국으로 반송."
"쓰레기를 한국으로 가져가세요. 한국 쓰레기 필리핀 수출은 그만!"

얼마 후 쓰레기 중 일부가 한국으로 되돌아간다는 소식이 들려왔어요. 환경 단체와 세관 공무원, 주민들은 항구에서 쓰레기를 돌려보내며 축하 행사를 열었어요. 쓰레기 컨테이너가 배에 실리는 것을 보며 안젤라와 친구들은 뿌듯했어요.
"우리가 마을을 지킨 거네."
"아니, 지구를 지킨 거지."

## 쓰레기도 수출이 되나요?

> 한국의 쓰레기는 왜 필리핀까지 갔을까요?

필리핀의 한 쓰레기 수입 회사가 2018년 7월부터 수천 톤의 한국 쓰레기를 수입했어. 한국 쓰레기 처리 회사에서 돈을 받고 생활 폐기물이 뒤섞인 쓰레기를 처리하기로 한 거야. 한국 쓰레기를 운송비까지 들이면서 필리핀으로 보낸 이유는 쓰레기 처리 비용 때문이었어. 한국에서는 쓰레기를 처리하는 데 1톤당 15만 원 정도인데, 필리핀에서는 1톤당 4만 원 정도라서 배로 옮겨 처리하는 것이 더 저렴했어. 한국 경제가 발전할수록 쓰레기의 양도 급증했는데 환경 오염을 이유로 처리 시설을 늘리는 것이 어려워졌지. 그래서 규제가 덜하고 경제가 덜 발달해서 처리 비용이 낮은 나라에 돈을 내고

수출을 한 거야.

    이런 일이 반복되자 생활 쓰레기 수출을 금지하는 국제법이 만들어졌어. 그래서 필리핀의 쓰레기 처리 회사는 합성 플라스틱 조각이라고 거짓 신고를 해서 생활 쓰레기를 불법으로 수입했어. 민다나오 섬에 쌓아둔 한국 쓰레기가 환경 단체에 의해 언론에 밝혀지자 쓰레기 처리 회사들은 도망갔어. 그래서 결국 국제적 망신을 당한 한국 정부가 쓰레기를 가져가기로 했어.

### ➕ 지식플러스

## 바젤 협약

1989년 3월 22일 유엔 환경 계획에 의해 스위스 바젤에서 채택된 협약으로 유해 폐기물의 국가 간 이동을 막는 협약이에요. 대부분의 환경과 관련된 국제 협약이 미국, 유럽 등 선진국 주도로 이루어진 데 반해서 바젤 협약은 아프리카 등 후진국이 선진국의 쓰레기 처리장이 되어서는 안 되겠다는 위기의식에서 출발했어요.

## 민다나오 섬에 있던 한국산 쓰레기는 현재 어디에 있을까요?

   2019년 1월 관세청 관계자는 절차가 끝나면, 2월에 한국산 쓰레기가 담긴 컨테이너 51개를 한국의 평택항으로 가져와서 소각한다고 했어.

   그런데 필리핀 쓰레기 하치장에 버려진 5100톤 중 800톤은 썩은 물이 흐르고 포장되지 않은 상태로 방치돼 있었기 때문에 쓰레기를 항구까지 옮기는 것이 어려운 상황이었어. 쓰레기 산 현장에는 쓰레기를 다시 담기 위한 포장재가 가득 쌓여 있지만 인력과 장비가 부족하고 코로나까지 겹쳐서 처리가 늦어졌지. 그러다 2020년부터 다시 한국으로 가져오고 있어.

   민다나오 섬의 한국 쓰레기가 어디에서 처리되든 쓰레기를 태운다고 없어지는 것이 아니야. 유해 물질은 땅속으로 스며들고 공기 중으로 퍼지기 때문이야. 환경 운동가들은 쓰레기로 인한 환경 문제를 근본적으로 해결하기 위해서 소비 자체를 줄이는 규제를 마련해야 한다고 주장하고 있지.

# 쓰레기를 만드는 국가와
# 쓰레기로 고통 받는 국가가 따로 있어요

## 국가 간 빈부 격차

과거에 비해 기술이 발달하고 세계 경제가 성장하면서 이론상으로는 전 세계 사람 모두가 먹을 수 있는 식량을 얻을 수 있다고 해. 하지만 부유한 나라에서는 음식이 남아서 쓰레기가 되고, 아프리카 남부 지역에는 국민의 75%가 굶주리는 나라도 있어.

유엔의 한 보고서에 따르면 전 세계 약 80억 인구 중 선진국이 세계 총생산의 80%를 차지하고 있다고 해. 국가 간 빈부 격차는 과학 기술의 발달과 경제 성장에도 불구하고 갈수록 벌어지고 있어.

왜 어떤 국가는 부유하고 어떤 국가는 가난할까?

가난한 나라들의 대다수가 강대국의 침략으로 식민지를 겪었거나 욕심이 많은 지도자가 국가 운영을 잘못한 경우가 많아. 국가의 경제는 정치 체제, 사회 구조에 따라 달라져.

### 쓰레기에서 나타나는 국가 간 빈부 격차

국가 간 빈부 격차는 평균 수명, 교육, 생활 수준까지 영향을 미치고 있어. 심지어 쓰레기 속에서도 빈부 격차를 발견할 수 있지.

선진국은 건강에 해로운 물질이 나오는 쓰레기의 처리 방법을 법으로 규제하고 있어. 독성 물질을 줄이는 기술이 있는 경우도 있지만 비용을 줄이기 위해서 가난한 나라로 쓰레기를 가져가서 처리하기도 해. 특히 선진국들이 개발도상국가로 전자 쓰레기를 수출하는 건 심각한 문제를 불러오기도 해. 이런 전자 쓰레기는 작은 규모의 수공업장에서 아무 안전 장비 없이 처리돼. 납과 수은 등 유해 물질이 나오는데도 말이야.

  미국과 캐나다, 유럽, 아시아 일부 국가들이 수출하는 플라스틱 쓰레기는 그 양이 전 세계 쓰레기 수출량의 85%를 차지한다고 해. 반면 중국이나 인도, 인도네시아, 이집트, 베트남 등은 세계 최대 쓰레기 수입국이야.

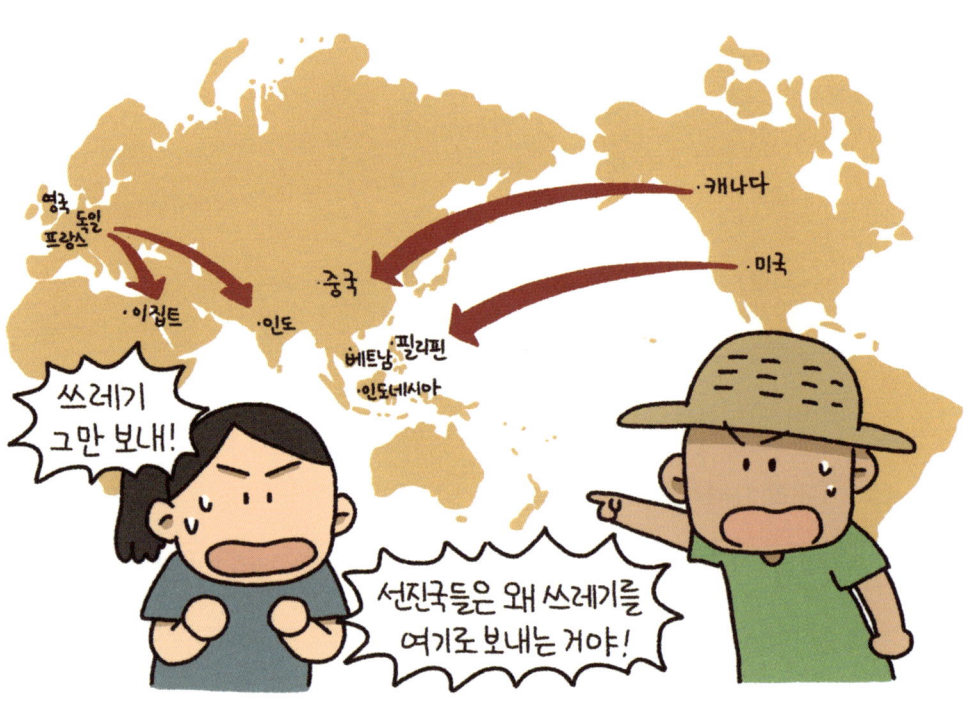

## 쓰레기를 난방 연료로 써요

> 쓰레기를 수입하는 선진국이 있다고?

처리 비용을 아끼려고 다른 나라에 쓰레기를 떠넘기려는 사건들이 발생하고 있지만 북유럽의 복지 국가인 스웨덴은 유럽에서 가장 많은 소각용 쓰레기를 수입하고 있어. 선진국인데 왜 재활용도 안 되는 쓰레기를 수입하는 걸까?

스웨덴은 북극과 가까운 추운 곳에 있어서 난방에 에너지가 많이 필요한 나라야. 그래서 옛날부터 가정에서 나온 쓰레기를 각자 소각하는 전통이 있어. 하지만 소각을 하면 공기 중으로 건강에 나쁜 물질들이 퍼진다는 문제가 있지. 그래서 쓰레기를 태우는 열을 이용해 난방 에너지로 만들면서 공기 오염도 줄이는 시설을 개발해서 여러 곳에 설치했어.

　그런데 그마저도 쓰레기 분리수거와 재활용을 철저하게 해서 태울 쓰레기가 부족해. 그래서 노르웨이나 영국 등 이웃나라에서 한 해에 쓰레기 70만 톤을 수입하고 있어. 소각하고 남은 재는 도로를 건설할 때 모래나 자갈 대신 사용하고 남은 쓰레기만 땅에 묻어. 유럽 연합의 전체 쓰레기 중 매립되는 비율이 38%, 미국이 54%인 데 반해 스웨덴은 1% 이하로 극히 적은 양이지.

### 교과서 속 불평등 키워드

**# 경제 활동**　사람들에게 필요한 것을 생산하고 소비하는 것과 관련된 모든 활동

**# 문화 교류**　서로 다른 개인, 지역, 나라 사이에서 물건이나 문화, 사상을 주고받는 것

# 제3장

# 소득 간 불평등

 # 마을이 발전해도 떠나야 해요

### 마을이 변했어요

베트남의 민 카이 마을에 사는 탄은 학교에 가기 위해 평상시보다 일찍 집을 나섰어요. 보통 아빠 차를 타고 등교하는데 오늘은 혼자 걸어서 가야 해요. 출발한 지 10분도 안 돼서 비닐봉지와 플라스틱 쓰레기가 담

장처럼 쌓여 있는 큰길이 나왔어요. 퀴퀴한 냄새가 나서 엄마가 챙겨 주신 마스크를 꺼내는데 승용차 한 대가 흙먼지를 일으키며 다가오더니 탄 옆에 멈췄어요.

"탄, 학교 가는 길이구나. 어서 타라."

후이의 아빠가 창문을 열고 외쳤어요.

차 안의 공기는 에어컨을 틀어서 시원했어요. 같은 반 친구인 후이가 목덜미를 긁적이며 물었어요.

"오늘은 왜 아빠 차를 안 타고 혼자 걸어가?"

"아빠네 회사에 급한 일이 생겨서 오늘만 걸어서 가라고 하셨어. 그런

데 후이, 아직도 가려워?"

그러자 후이 아빠가 대신 대답했어요.

"공기가 나빠져서 그런 모양이야. 재활용 공장이 들어오면 아이들 학교와 돈 벌 기회도 생긴다고 해서 지역 개발 서류에 사인을 했더니 불과 몇 년 사이에 이렇게 되어 버렸어. 그래서 후이의 피부병 때문에 다음 달에 이사를 가기로 했단다."

아저씨 말대로 몇 년 전만해도 동네 아이들은 들판과 시냇가를 뛰어다니곤 했어요. 하지만 이제 시냇물은 말라 버리고 풀 대신 쓰레기 더미가 양 길가에 성벽처럼 쌓여 있어요.

차창 밖으로 컨테이너에서 내린 먼지 나는 쓰레기 더미를 마스크와 장갑도 없이 얼굴을 찌푸리며 분리하는 사람들이 보였어요.

## 소득에 따라 달라지는 환경

탄과 후이가 교실에 들어서는데 분위기가 심상치 않았어요.

"우리 할머니 폐병이 심해져서 옆 마을로 이사 가. 그래서 다음 주에 전학을 가야 해."

모여 있던 친구 중에 한 명이 말했어요.

"또?"

탄은 자신도 모르게 물었어요. 그러나 이유를 모르지 않았어요. 민 카이는 사람이 살 수 없을 정도로 오염이 심해지고 있기 때문이에요.

그때 까렘이 힘없이 교실로 들어와서 쓰러지듯 자리에 앉았어요. 까렘도 탄과 후이와 친한 친구였는데 학교에 입학을 한 후로 사이가 예전 같지 않아요.

까렘의 집에는 차가 없어요. 그래서 쓰레기가 가득한 거리를 한 시간이나 걸어서 등교해요. 가난해서 이사를 갈 수도 없어요.

마을에 재활용 쓰레기 가공 공장이 들어서기 전에 대부분의 주민들은 고구마 농사를 지었고 사는 모습도 비슷했어요.

하지만 개발이 시작되자 후이네처럼 땅을 많이 소유하고 있던 사람들은 공장을 지어 큰돈을 벌었어요. 탄이네처럼 땅은 작지만 기계를 사 들여와 작은 공장을 운영하는 사람들도 이전보다 경제적으로 풍요로운 생활을 했어요.

하지만 까렘 부모님처럼 땅이 없는 사람들은 공장에 취직하여 열악한 작업장에서 일해요. 비위생적인 환경에서 쓰레기를 분리하고 비닐이나 플라스틱을 녹이는 과정에서 나오는 독성 가스에 노출돼요.

그래서 마을이 오염되고 호흡기, 피부병 등 각종 질병이 발생하자 소득이 많은 집 순서대로 마을을 빠져나가기 시작했어요. 돈이 많은 집은 벌써 다른 동네로 이사를 갔고 공장에서 일하는 사람들만 민 카이로 출퇴근해요.

방과 후 탄과 후이는 교문 밖을 나가는 까렘의 뒷모습을 보면서 말했어요.
"이제 까렘에게 인사를 해도 반가워 하지도 않고 어느 때는 아무 대꾸도 없어."
"나도 그래. 까렘이 학교에서 너무 기운이 없으니까 일부러 말을 안 걸어."
그러자 뒤에서 양팔 가득 책 꾸러미를 들고 오시던 사서 선생님이 말했어요.
"까렘만 그런 것이 아니야. 부모님이 공장에 다니거나 가족끼리 공장을 운영하는 곳은 아이들까지 쓰레기를 분류하느라 늦게까지 일을 해."
탄과 후이는 얼른 사서 선생님의 책을 조금씩 나누어 들었어요.
"왜 직원을 고용하지 않고 어린아이들에게까지 일을 시켜요?"
"소득이 적어서 직원에게 월급을 줄 돈이 없으니 가족들이 대신하는 거지. 기술이 필요 없고 손이 작은 사람들에게 유리한 쓰레기 분리 작업은 엄마나 아이들이 하고 아빠는 기계를 다루는 일을 해. 책을 옮기는 것을 도와줬으니 내가 보답으로 음료수를 주마."

 탄과 후이는 도서관 사무실로 따라 들어가서 선생님이 주신 병에 든 음료수를 받아 마셨어요. 후이가 플라스틱 병에서 비닐 라벨을 떼며 말했어요.

"소득이 많은 사람들은 이런 음료수도 더 많이 사 먹겠지?"

"돈이 많으니 물건도 더 많이 사고 쓰레기도 더 많이 만들겠지."

선생님이 말을 이었어요.

"하지만 그 쓰레기로 인한 피해는 저소득층 사람들이 더 심해. 아까 이야기한 소득이 적은 공장은 공기 정화 장치를 설치할 여유가 없기 때문에 온 가족이 독성 가스를 마시며 작업을 할 수밖에 없어. 물론 이사를 갈 돈도 없고."

### 떠나는 사람들과 남겨진 사람들

집으로 오는 길에 탄은 후이마저 이사를 간다는 사실에 마음이 복잡했어요. 후이의 건강을 생각하면 이사를 가야겠지만 앞으로 자주 볼 수 없다고 생각하자 섭섭했어요. 그리고 탄의 할아버지도 건강이 좋지 않으신데 환경이 오염된 동네에 계속 살아야 한다니 걱정이었어요.

탄이 이런저런 생각을 하며 집에 들어서는데 엄마가 평소보다 반갑게 탄을 맞아 주셨어요.

"탄, 우리도 공기가 좋은 마을로 이사를 갈 수 있게 되었단다."

탄은 기뻐서 환호성을 질렀어요. 탄과 엄마가 앞으로 이사 갈 집에 대해서 이야기하며 저녁을 차리는데 아빠가 오셨어요.

"아버지, 방금 계약하고 이사 날짜를 잡았어요. 그런데 많이 작고 낡아서 한동안 보수를 해야 해요. 죄송해요, 아버지."

"가족들 건강이 중요하지 허름한 것이 대수냐?"

할아버지도 운이 좋다며 기뻐하셨어요. 하지만 탄은 저녁을 먹으며 마음이 편치 않았어요. 까렘을 비롯하여 이사를 가지 못하는 친구들이

생각났기 때문이에요.

"이사를 가도 아빠가 아침마다 학교까지 데려다줄 수 있고 후이 집도 가까우니 둘이 매일 만날 수 있어."

아빠의 위로에 탄이 대답했어요.

"아까 후이와 반 친구가 이사를 간다면서 왜 좋아하지 않았는지 알 것 같아요. 다른 친구들은 이사 갈 형편이 안 돼서 오염된 곳에서 살아야 하잖아요. 분명 건강이 안 좋아지고 있을 텐데 어떡해요?"

탄의 말에 어른들은 잠시 침묵했다가 엄마가 먼저 입을 열었어요.

"그렇지 않아도 대책을 세워야 한다고 학부모회에서 환경청에 조사를 요청했어. 이장님과 마을 어른들도 적극적으로 움직여서 다음 달에 회의가 열린다고 하더라. 우리 공장도 아직 마을에 있으니 아빠와 가 보려고."

할아버지가 다정한 눈으로 탄을 바라보셨어요.

"다른 친구들 걱정을 하다니 기특하구나. 여러 사람이 뜻을 모으면 방법을 찾겠지."

탄이는 소득 때문에 환경 오염에서 벗어나지 못하는 사람들이 더 이상 나오지 않도록 좋은 방안이 나오길 간절히 바랐어요.

## 재활용과 친환경의 모순

> 분리수거한 플라스틱은 어디로 가나요?

　환경을 걱정하는 많은 사람들이 플라스틱을 분리배출 하고 있어. 비닐 포장을 떼어 내야 하고 플라스틱 용기를 깨끗하게 닦아야 해서 귀찮은 일이지. 그렇다면 이렇게 모인 플라스틱 쓰레기는 어떻게 재활용되고 있을까?

　수거된 쓰레기는 우선 재활용될 수 있는 것과 없는 것으로 사람이 일일이 분리해. 플라스틱은 매우 여러 종류의 합성물질이기 때문에 재활용이 되지 않거나 재활용이 되는지 정확히 알 수 없는 제품일 경우 다시 일반 쓰레기로 버려져. 이렇게 모인 재활용이 가능한 플라스틱 쓰레기는 열가소성 폴리머와 섞어서 녹이는 과정을 거쳐 플라스틱 알갱이가 돼. 그런데 녹이는 과정

에서 많은 공해 물질이 발생하지. 이 알갱이를 다시 높은 열로 녹여 비닐봉지나 각종 플라스틱 제품으로 재탄생되는 거야.

  우리가 한번 만든 플라스틱 쓰레기는 재활용이라는 명목으로 여러 지역을 떠돌다가 바다로 버려지거나 땅에 묻히거나 태워서 재가 되어 다시 땅과 물, 공기로 돌아가. 전 세계 플라스틱 재활용률은 9%에 불과하고 나머지는 소각되거나 매립돼. 분해가 되려면 몇 백 년이 걸릴지도 모르니 사라지지 않는다고 볼 수 있어.

## 쓰레기 재활용 산업이 저소득층의 생활 환경을 파괴해요

전 세계에서 나온 쓰레기를 재활용하려면 누군가의 손으로 분리를 해야 해. 플라스틱 이외의 쓰레기가 섞여 있는 경우도 있고 플라스틱 제품의 원료가 다양해서 한꺼번에 기계로 처리할 수 없어. 그래서 이런 재활용 공장은 인건비가 낮은 나라의 소득이 적은 지역에 지어지고 주민들은 환경 오염에 시달리게 돼. 공장에서 일하는 사람들은 쥐, 바퀴벌레가 나오는 쓰레기 더

미를 안전 도구도 없이 헤집고 다녀. 이렇게 기술이 필요 없지만 더럽고 위험한 일은 여성이나 아이들이 주로 하게 돼.

  공장으로 보낸 후 재활용이 되지 않는 플라스틱 쓰레기는 소각하는데 이때 발생한 매연과 열로 공기가 오염되고 재는 땅과 강물을 오염시켜. 공장에서 나오는 화학 물질에 수천만 마리의 물고기가 떼죽음을 당하고 어부들도 생활 터전을 잃었어.

> 쓰레기 소각장이 이렇게까지 주변을 오염시킬 줄은 몰랐어요.

# 소득이 낮을수록
# 오염된 환경에 노출되기 쉬워요

## 소득에 따라 달라지는 쓰레기 발생량

　서울의 각 자치구별 1인당 총생산에 따른 생활 폐기물 발생량을 조사했어. 결과는 소위 우리나라에서 잘산다는 지역에서 가장 많은 쓰레기가 나오고 있었어. 쓰레기 배출량이 가장 많은 상위 다섯 개 자치구 중 두 군데가 상업 시설이 많은 자치구라는 점을 감안할 때 나머지 세 군데의 자치구는 땅값도 비싼 지역이야.

　또한 2020년에 발간된 '제주의 어제와 오늘'이라는 보고서에 소득이 높을수록 쓰레기 발생량이 많아진다는 조사 결과도 있어. 2018년 제주도의 지역 내 총생산은 2009년부터 2018년까지 89.2% 증가했고 1인당 총생산도 58.2% 증가했어. 이에 비례해서 쓰레기 발생량도 급증해서 하루에 발생하는 폐기물이 2009년부터 2018년 사이에 45% 증가했고 생활 쓰레기의 하루 배출량도 111%나 증가했지.

## 소득에 따른 오염된 환경의 노출 정도

소득 수준에 따른 환경 불평등은 각 가정의 실내에서도 발생하고 있어. 우리나라 환경정책평가연구원 조사에 따르면 월 평균 지출이 150만 원 미만인 저소득 가정은 150만 원 이상인 가구에 비해 실내 미세먼지 농도가 더 짙었어. 값비싼 공기청정기 판매량이 늘고 있다는 점을 생각해 보면 현재 가정 내 불평등 정도는 더욱 심해지고 있다는 것을 알 수 있어.

또한 이상 기후로 인한 홍수와 폭염의 피해도 저소득층에서 보다 많이 발생해. 구도심의 반지하 주택 밀집 지역은 홍수가 나면 잠기는 경우가 많아. 폭염으로 인한 건강 악화나 천식과 아토피 등 환경성 질환도 저소득층이 더 취약해. 반면 소득이 많을수록 정수기 보유와 친환경 농산물 구매 비율이 높고 질병이 생겨도 좋은 의료 서비스를 받을 수 있지.

## ➕ 지식플러스

### 환경 정의

환경 오염을 일으킨 사람과 피해자가 다른 것을 바로잡아서 환경에서도 정의를 실현하자는 원칙이 환경 정의예요. 환경 정의 운동은 1982년 소득이 적은 미국의 흑인 밀집 지역인 워런 카운티에 유독성이 강한 폴리염화 바이페닐을 무단 불법 투기한 사실이 밝혀지면서 생겨났어요.

## 재활용의 한계를 넘어요

### 제로 웨이스트 운동

환경을 보호하기 위해 쓰레기 배출량을 줄이자는 캠페인을 제로 웨이스트 운동이라고 해. 주로 개개인이 일상생활에서 쓰레기 발생을 줄인 사례와 자신만의 쓰레기 줄이는 방법 등을 공유하는 방식으로 이뤄져.

예를 들어 텀블러를 가지고 다니면 일회용 컵 쓰레기를 줄일 수 있어. 손수건을 가지고 다니면 휴지나 물티슈를 대신할 수 있지. 또 마트 대신 제로 웨이스트 가게에 빈병을 가져가서 샴푸나 세탁 세제를 구입하면 플라스틱 쓰레기를 줄일 수 있어. 환경 보호를 위해서 친환경 제품을 사는 것이 아니라 중고 매장을 이용한다면 더욱 많은 쓰레기를 줄일 수 있지.

쓰레기 문제를 해결하는 방법은 에너지를 들여서 재활용하는 것이 아니라 애초에 쓰레기를 만들지 않거나 재사용을 하는 것이라고 생각하는 사람이 늘어나고 있어.

### 비닐봉지 사용 금지 국가

　현재 우리가 쓰는 1회용 비닐봉지가 썩는 데는 약 100년이 걸려. 그래서 많은 나라들이 비닐봉지 사용을 금지하고 있어.

　프랑스, 이탈리아, 오스트리아 등 유럽 일부 국가에선 자연 분해로 썩는 비닐봉지를 허용하고 있어. 아프리카 케냐에선 비닐봉지 사용 금지법을 시행 중이야. 이 법을 위반한 사람에겐 최대 징역 4년 또는 약 4300만 원의 벌금형에 처하는 엄격한 법이지. 또, 뉴질랜드도 비닐봉지 사용을 금지했고 어기면 약 7800만 원의 벌금을 내야 해. 칠레는 쇼핑용 비닐봉지를 전면 금지하는 등 일회용 비닐봉지 사용 금지가 점점 더 확산되고 있어. 우리나라에서는 일회용 비닐봉지 사용 금지 대상을 대형 마트 등 대규모 점포와 슈퍼마켓 등으로 정했어. 그리고 무상 제공하던 비닐봉지를 유상 판매로 바꾸는 대상을 확대하고 있어.

## ➕ 지식플러스

### 자연 분해

물리적·화학적인 처리를 하지 않고도 저절로 분해되어 자연이나 환경에 영향을 끼치지 않는 상태를 자연 분해라고 해요. 환경 오염을 일으키는 플라스틱과 비닐은 분해되는 데 100년 이상 걸리기 때문에 수개월 안에 물과 이산화탄소, 퇴비 등으로 자연 분해되는 친환경 생분해성 플라스틱이 개발되고 있어요.

## 교과서 속 불평등 키워드

**# 소득** 경제 활동의 대가로 얻는 돈

**# 총생산** 소득 수준을 비교하기 위하여 일정 기간 동안 한 나라의 국민이 새롭게 생산한 가치를 돈으로 합산한 수치

# 제4장

## 신분 계급 간 불평등

 # 신분 계급이 미래를 정할 순 없어

## 노력해도 신분은 바뀌지 않아

파하드는 인도의 최첨단 도시 방갈로드에 있는 학교에 다녀요. 전교 1등을 놓친 적이 없을 정도로 공부를 잘해요. 비결은 혼자 공부하다 풀리지 않는 부분을 선생님들께 직접 물어보는 것이지요. 이제 다른 학생들도 선생님의 설명을 듣기 위해 파하드를 따라서 교무실을 찾곤 해요.

오늘도 방과 후 파하드와 반장이 교무실에 들어서며 인사를 하자 영어 선생님이 반겨 주셨어요.

"오늘은 뭐가 궁금하니?"

파하드가 영어 선생님께 책을 내미는데 갑자기 수학 선생님이 부르셨어요.

"달리트, 마침 잘 왔다. 여기 쓰레기통 좀 비워라."

인도의 최하위 신분 계급인 불가촉천민을 달리트라고 해요. 수학 선생님은 불가촉천민인 학생들의 이름을 부르지 않고 계급인 '달리트'라고 불러요. 파하드에게 쓰레기통을 비우고 오라는 심부름은 이번이 처음이 아니었어요. 선생님은 다른 학생들이 오면 본체만체하면서 파하드에게만 교무실이나 화장실 청소를 시켰어요.

"영어 선생님 설명 먼저 듣고 쓰레기통 비우겠습니다."

파하드의 말에 수학 선생님의 목소리 톤이 올라갔어요.

"뭐? 내 심부름보다 네 영어 공부가 더 중요하다는 거야?"

파하드와 같이 온 반장이 수학 선생님의 쓰레기통을 받아 들며 말했어요.

"제가 다녀오겠습니다. 파하드, 네가 설명 듣고 나중에 나에게 알려 줘."

파하드를 도와주려던 반장의 행동에 수학 선생님은 더욱 언성을 높였어요.

"어차피 너는 남의 집 쓰레기나 치우며 살 텐데 영어를 배워서 뭐 해. 계급은 노력한다고 바뀌는 것이 아니야. 대대로 불가촉천민으로 살 건데 이루지도 못할 희망은 품지 않는 게 좋아. 네가 더 힘들어질까 봐 해 주는 말이야."

파하드는 평생 쓰레기나 치우며 살 거라는 말이 걸려서 대꾸했어요.

"헌법에서 평등권이 보장되고 불가촉천민이 대통령도 되는 시대예요.

우리가 어른이 되면 신분 계급이라는 말 자체가 역사 속으로 사라질지도 몰라요."

수학 선생님은 어이없다며 목소리를 낮췄어요.

"아직 어려서 잘 모르나 본데 성적 좋고 명문대 나와도 낮은 계급 출신은 입사 지원 서류 전형조차 통과하지 못해. 다 걸러서 면접장에 들어

가지도 못한다고. 그러니까 네가 할 일을 다른 학생에게 넘기지 말고 직접 버리고 와."

파하드는 반장이 들고 있던 쓰레기통을 가지고 교무실을 나가 운동장 뒤쪽에 있는 소각장에 몇 개 안 되는 쓰레기를 버리고 돌아왔어요. 그런데 교무실에서 영어 선생님의 목소리가 크게 울렸어요.

"쓰레기를 치우고 가축을 잡는 일은 우리 생활에 없으면 안 되는 중요한 일이에요. 다른 나라에서는 힘든 일이라 이런 일을 하는 사람을 존중하고 대우해 주는데 인도는 신분 계급 문화가 남아 있어서 불가촉천민이라고 무시하고 제값도 받지 못하고 일하고 있어요. 앞으로 자기 자리 청소는 직접 하세요."

### 억울한 죽음

수업이 끝난 뒤, 파하드는 수학 선생님의 말을 곱씹으며 집으로 향했어요. 그런데 뒤에서 반장이 부르는 소리가 들렸어요.

"파하드, 헉헉. 몇 번을 불렀는데 듣지도 못하고, 무슨 생각을 하면서 가는 거야?"

"반장, 우리 이제 따로 다니자. 다들 같은 계급끼리 어울리는데 자꾸

나랑 다니면 너도 따돌림당할 거야."

"IT 강국에서 신분 계급이라니? 촌스러운 수학 선생님 말에 기가 죽은 거야? 아까 네가 나간 후에 영어 선생님이 나중에 너랑 함께 오라고 하셨어. 내일 같이 가자."

파하드는 반장의 말에 집으로 가는 발걸음이 한결 가벼워졌어요. 그런데 마을 입구에 들어서자 경찰차가 보였어요. 그리고 집 마당에 들어서자 울음소리와 비명이 들렸고 악취가 풍겼어요. 마당 한가운데에 덮어 놓은 천 사이로 누워 있는 사람의 발이 보였어요. 파하드가 놀라서 뛰어 들어가자 엄마가 파하드의 손목을 잡아끌며 눈을 가렸어요.

"파하드, 보지 마! 네 삼촌이 하수구에 들어가서 쓰레기를 치우다 가스에 질식해서 돌아가셨단다."

"네? 갑자기요?"

"못된 사장이 보호 장비도 주지 않고 맨몸으로 하수구에 들어가라고 했대."

그러자 옆에서 이웃 어른들이 경찰에게 외치는 소리가 들렸어요.

"이번에도 청소 업체 사장에게 벌금 몇 푼 물게 하고 넘어가면 가만히 있지 않을 거예요."

"사장이 보호 장비 없이 하수구에 들어가서 일하면 죽을 수도 있다는 것을 몰랐다는 말은 거짓말이에요. 보호 장비 없이 일하다가 사망하는 사람들이 전국에서 나오고 있는데 어떻게 모를 수가 있습니까?"

"카스트 제도가 없는 곳에서 이런 일을 하면 돈도 많이 받고 전문가로 인정도 받아요. 사장이 신분 계급을 이용해서 우리를 착취하고 있어요."

경찰은 철저히 조사해서 보고하겠다며 돌아갔어요.

### 무엇이든 될 수 있어

삼촌의 장례식이 열렸어요. 마을 사람들의 노력으로 불가촉천민 인권 운동가들이 삼촌의 억울한 죽음을 알리고 업무 환경을 개선시키기 위해 함께 일하기로 했어요. 정치인들과 지역 신문 기자들까지 와서 장례식장은 많은 사람들로 북적였어요. 그런데 조문객 중에 영어 선생님도 보였어요. 둘은 장례식장을 나와 조금 한적한 곳으로 갔어요.

"오늘은 둘뿐이니 모르는 것 있으면 마음껏 물어봐."

선생님이 말씀하셨어요.

"공부와 관계없는 것도 돼요?"

"그래, 아는 건 다 얘기해 줄게."

"우리 마을 사람들은 모두 힘들게 일하는데 왜 가난할까요? 삼촌이 돌아가셔서 할머니는 우시다 쓰러지셨어요."

"칸티 삼촌 일로 많이 힘들지? 법으로는 신분 계급의 차별을 금지하고 있지만 낮은 계급은 대부분 가난하고 교육을 받을 기회가 적어서 가난에서 벗어나기 어려워. 가족 중 누군가 이 악순환을 끊지 않으면 대를 이어 반복되지. 네가 무사히 학교를 졸업했으면 좋겠구나."

"수학 선생님 말씀대로 신분이 낮은 사람은 아무리 똑똑해도 취직이 안 된다면 저는 공부가 아니라 춤이나 노래를 연습해서 영화배우가 되어야 할까요? 영화 산업에서는 카스트와 상관없이 실력만 있으면 성공한다던데. 우리 반 아이들 중 몇 명은 천민과는 물도 같이 안 마셔요. 회사에도 이런 사람들이 있을 거 아니에요? 그럼 취직을 한다 해도 같이 일할 수 없을 것 같아요."

"신분 제도 때문에 차별을 받는 것도 속상한데 미래의 직업까지 마음대로 선택하지 못하면 너무 억울하잖아. 관심도 없던 영화배우를 잘할 수 있겠니?"

"다른 나라에서는 우리 불가촉천민이 하는 쓰레기 처리업이 전문직으로 인정도 받고 돈도 많이 번다는데 진짜예요?"

"맞아. 기술도 익히고 전문 장비를 다루어야 해서 업무 환경도 더 안전하고 경제적으로도 여유가 있지. 유럽에서는 옛날부터 굴뚝 청소부를 만지면 행운이 온다고 믿어서 지금도 서로 만지려고 해. 아침에 분뇨를 처리하는 자동차를 보면 행운이 온다고 믿는 나라도 있단다."

"그럼 저는 쓰레기를 치우는 일 말고 다른 직업을 가지려면 외국에서 살아야 할까요?"

"불가촉천민 인권 운동을 하는 단체가 칸티 삼촌의 죽음을 공론화한다는 소식 들었지? 사장에게 합당한 처벌을 받게 할 거야. 이번 일을 같이 하는 인권 운동가 중에 불가촉천민 출신 변호사도 있고 언론인도 있어. 네가 되고 싶어 하는 IT 전문가도 있지. 그리고 나처럼 불가촉천민이 아닌 사람들도 있어. 이렇게 사회 인식을 조금씩 변화시키다 보면 언젠가 신분 계급에 의한 불평등도 없어지지 않겠니? 앞으로 뭐든 할 수 있으니 너무 조급하게 생각할 필요 없어."

"선생님은 불가촉천민도 아닌데 왜 인권 운동을 같이 하세요?"

"사실 나도 최고 높은 계급은 아니라서 교사가 되기까지 차별을 겪어 왔어. 지금도 겪고 있고. 사회가 평등해지면 모든 사람이 더 행복해질 수 있다고 믿어."

파하드는 집으로 돌아오는 길에 공원에 있는 엠베드카르 동상 앞에 서서 다짐했어요. 엠베드카르는 불가촉천민 출신의 인도 초대 법무부 장관으로 헌법을 통해 카스트 제도를 부정한 위인이에요.

'전국에 엠베드카르 동상이 세워졌다는 것은 영어 선생님과 반장처럼 평등한 사회를 바라는 사람이 많다는 증거야. 불가촉천민이라고 해서 평생 쓰레기만 치워야 한다는 법은 없어.'

## 신분 제도가 왜?

## 대를 잇는 신분 제도

**보호 장비 없이 하수구 청소를 하는 사람들**

인도에서 하수구를 맨손으로 치우는 것은 불법이야. 하수구에는 인간의 배설물을 포함해서 가정에서 버린 온갖 오염물이 흐르고 있으니 악취가 나고 비위생적이지. 게다가 이 오염물은 부패하면서 메탄가스 같은 폭발하기 쉽고 인체에 위험한 독성이 있는 가스를 배출해. 그런데 인도에서는 4만 명이 넘는 사람들이 맨몸으로 하수구에 들어가서 분변을 치워. 이로 인해 매년 100명이 넘는 사망자가 나와.

이들이 맨손으로 작업할 수밖에 없는 이유는 오랜 카스트 제도의 신분 계급에 따른 차별 때문이야. 대부분 집안 대대로 직업을 물려받기 때문에 낮은 계급의 사람들은 살아남기 위해서 어렸을 때부터 일해야 해. 사장은 직원들이 안전한 환경에서 근무하게 해야 할 의무가 있음에도 불구하고 보호 장구를 갖추고 있지 않아. 하지만 높은 계급의 사장은 법규를 어겨도 별다른 처벌을 받지 않아서 이런 사건이 반복되고 있어.

### 인도의 신분 제도, 카스트

카스트 제도는 수천 년 전부터 있었던 인도의 신분 제도야. 크게 네 개의 계급을 인정하는데 가장 높은 계급은 성직자인 브라만이고, 두 번째 계급은 왕이나 귀족인 크샤트리아, 세 번째가 평민 계급인 바이샤, 네 번째는 노예 계급인 수드라가 있어. 세부적으로는 성과 직업에 따라 3000가지로 분류하기도 해.

카스트 제도에 들어가지도 못하는 불가촉천민이라는 계급이 있어. 닿기만 해도 부정해진다는 뜻이지. 이들을 달리트라고 불러. 달리트는 노예보다 못한 대우를 받으며 힘들거나 다른 사람들이 꺼리는 일을 했어. 카스트는 특히 직업의 선택을 제한하는 신분 제도여서 시체 다루는 일, 구식 화장실의 배설물을 청소하는 일, 쓰레기를 소각하고 묻는 일 등 더럽고 힘든 일을 불가촉천민이 대를 이어 하고 있지.

현재 인도의 헌법에서는 '종교, 인종, 카스트, 성별, 출생을 근거로 차별받지 않는다.'라고 명시하고 있어. 카스트 제도가 법적으로는 없어졌지만 사회 문화적으로는 남아 있는 거야. 오랫동안 이어져 온 제도이고, 사회를 유지해 온 기본적인 신분 제도였던 만큼 관습으로 남아 있는 거지.

## 지식플러스

### 카스트와 힌두교

인도인들은 80% 이상이 힌두교인이어서 전생에 착한 일을 한 사람이 다음 생에 높은 계급으로 태어난다고 믿어요. 그래서 낮은 계급으로 태어났어도 다음 삶에서 더 높은 계급으로 태어날 수 있다는 희망을 갖고 현재 계급의 역할을 충실히 하지요. 하지만 막상 힌두교의 경전인 베다에서는 카스트를 인정하지 않아요. 그러니 종교 때문에 신분 제도가 남아 있다고 할 수 없어요.

## 신분 제도의 역사

> 태어날 때부터 직업이 정해진다고?

신분 제도는 태어날 때부터 그 출신에 따라 계급을 나누는 제도를 말해. 부모의 신분이 자식에게 이어지지. 지금은 사라졌지만 우리나라에도 신라 시대에 골품제라는 신분 제도가 있었어. 성골이라는 계급만 왕이 될 수 있었고 나머지 관직도 성골과 진골이 차지했어. 그래서 다른 귀족들의 불만이 컸고 결국 신라가 멸망하는 큰 이유가 되었어. 조선 시대에도 신분 제도가 엄격해서 왕족과 양반, 평민과 천민으로 구분했고 대를 이어 세습되는 것은 물론이고 다른 계급과 결혼도 할 수 없었어. 직업과 사회적 평가도 정해져 있어서 부모 중 한 명만 양반이 아니어도 관직에 오를 수 없었어.

### 신분 제도의 흔적

신분 제도는 옛날에 거의 모든 나라에 있었지만 근대 사회로 오면서 대부분 사라졌어. 영국, 벨기에, 룩셈부르크, 네덜란드, 덴마크와 같은 몇몇 유럽 국가에는 아직도 왕이 있어. 아시아에는 일본, 태국에 왕이 있지. 하지만 제

2차 세계대전 후 왕이 존재만 할 뿐 실제로 정치에 관여하지 않아. 국가의 주권은 국민에게 있다고 헌법상 명백히 규정하고 있지.

   인도도 영국에서 독립한 이후 헌법을 만들면서 카스트 제도를 철폐시켰지만, 아직까지 사회 문화적으로 남아 있어. 특히 대도시가 아닌 지역에서는 더욱 심해.

   힘들고 위험한 일을 도맡아 하지만 제값을 받지 못하는 사람들은 열악한 주거 환경과 폭력의 위험 속에서 살아가고 있어. 그리고 같은 학교에 다녀도 수업은 함께 듣지만 주로 같은 계급의 학생들과 어울리지.

## 관습을 버리고
## 평등한 사회로 만들어요

### 깨끗한 인도를 만들기 위해 버려야 할 것

인도는 심각한 플라스틱 쓰레기 오염 문제를 겪고 있어. 인도에서 나오는 플라스틱 쓰레기는 60%만 수거되고 나머지는 그대로 버려져. 방치된 쓰레기는 하수 시설과 강을 막고 물과 토양을 심각하게 오염시켰어. 특히 난방과 취사용으로 플라스틱 쓰레기를 태워서 공기도 오염되었지.

카스트 제도가 없는 이집트는 인도보다 더 많은 쓰레기를 만들고 있지만 분리수거를 하고 쓰레기 처리 시스템을 잘 만들어서 인도만큼 큰 문제를 겪지는 않아. 하지만 인도는 카스트 제도 때문에 쓰레기 처리를 하층민들만 하는 일로 여겨서 카스트가 높은 사람들은 평생 빗자루질 한 번 하지 않는 사람이 많아.

위기의식을 느낀 인도 정부는 총리가 직접 빗자루를 들고 도로를 쓰는 사진을 보도했어. 바닷가의 쓰레기도 줍고 휴일에 공무원, 학생들과 함께 거리를 청소하며 인도를 깨끗하게 만들자는 캠페인을 벌였지. 모디 총리는 "청소는 미화원들만의 일이 아니라 우리 모두의 임무"라며 깨끗한 인도를 만들자고 주장했어. 총리가 빗자루를 들고 있는 모습은 인도 사람들의 생각에 변화를 일으키고 있어.

## 하층민 우대 정책

계급에 상관없이 누구든 한 사람당 하나의 투표권을 가지게 되면서 낮은 계급인 사람들도 정치적인 힘이 강해졌어. 그리고 인도의 사회 발전을 위해 카스트 제도를 반대하는 사람들이 늘어나서 인도 정부는 관습적 차별을 없애기 위해 하층민 우대 정책을 펴고 있어.

예를 들어 대학교 입학과 공무원을 뽑을 때 일정 비율은 카스트가 낮은 사람을 합격시키는 할당제를 시행하고 있어. 다만 합격생의 50%를 넘지 못하도록 하고 있지.

그래서 카스트 문화는 점점 약해지고 있지만 아직 계급에 따른 불평등한 제약이 공공연히 발생하기 때문에 이에 반대하는 시위도 자주 일어나. 몇 년 전에는 불가촉천민 주민들이 며칠간 철도와 지하철, 버스 등을 막고 시위를 벌인 일도 있었어.

그런데 동시에 일부 계층에서 역차별 반대 시위도 일어나. 하층민에 속하지는 않지만 같은 계급이어도 경제력의 차이가 커서 가난한 사람들도 있어. 이들은 대학과 공무원 임용, 승진에서 하층민 우대 정책을 받는 사람들보다 더 높은 점수를 받아도 합격할 수 없다고 주장해.

그러나 하층 카스트 대부분은 우대 정책을 적용받더라도 경제적으로 취약해 제대로 교육받지 못하고, 이들이 차지하는 공무원 일자리도 최하위직에 머무는 것이 현실이라는 목소리도 있어.

### 교과서 속 불평등 키워드

# 선거권 선거에 참여하여 투표할 수 있는 권리

# 인권 운동 사람이 마땅히 누리고 살아야 하는 자유와 권리를 보호 받도록 노력하는 사회 운동

# 제5장

# 기업과 개인 간 불평등

## 우리 학교에 괴물이 산다

### 액체 괴물이 사는 학교

"오빠, 나 오늘 학교에서 무서운 이야기를 들었어."

제인이 오빠 토미에게 말했어요. 제인은 가족과 함께 뉴욕주 나이아가라 폭포 근처의 러브 캐널이라는 마을로 이사 온 지 얼마 안 되어서 학교에 떠도는 소문을 처음 들었거든요.

"학교 지하실에 괴물 나온다는 소리?"

"어, 오빠도 들었어? 마이클이 그러는데 우리 학교 지하에 검은 액체 괴물이 산대."

"푸하하, 아이들이 너를 겁주려고 만든 이야기잖아. 그걸 믿냐?"

제인은 오빠의 말에 무안하기도 했지만 안심이 되었어요.

그런데 다음 날이었어요. 학교 운동장에서 농구를 하던 마이클이 갑자기 머리를 감싸며 주저앉았어요.

"으윽, 머리야."

제인은 마이클을 데리고 얼른 보건실로 향하는데 마이클이 코를 킁킁거렸어요.

"제인, 이상한 냄새 안 나니? 이 냄새 때문에 구역질이 나는 것 같아."

"너 정말 몸이 많이 안 좋구나. 난 아무 냄새도 안 나는데."

양호실에 가자 몇 개 안 되는 침대는 이미 다른 학생들로 차 있었어요. 둘은 하는 수 없이 두통약을 받아서 교실로 돌아왔어요.

## 지하실을 탈출한 괴물

그날 저녁 가족들이 식탁을 차리는데 토미가 아빠에게 말했어요.

"요즘 이상한 냄새를 맡고 아프다며 조퇴하는 애들이 많아졌어요. 처음에는 아이들이 수업 받기 싫어서 꾀병을 부리는 줄 알았는데 오늘은

저도 이상한 냄새를 맡았어요."

수프를 끓이던 엄마가 돌아보며 말씀하셨어요.

"나도 들었어. 옆집에 아기 엄마가 그러는데 옆 동네에 공사를 하면서 나는 냄새일지도 모른다고 하더라."

그러자 아빠가 샐러드를 옮기며 당부했어요.

"너희들도 냄새를 맡거나 아프면 선생님께 바로 이야기해야 해. 뭔가 대책을 세우든가 해야지, 아이들이 아프도록 놔둘 수는 없어."

그런데 며칠이 지나자 교장 선생님은 단축 수업을 한다며 오전에 모든 학생을 집으로 돌려보냈어요. 담임 선생님은 절대 지하실에 들어가면 안 된다고 당부하셨고요.

그러자 아이들이 수군거렸어요.

"정말 학교 지하실에 뭔가 있는 거야. 어른들은 이미 알고 있을지 몰라. 그러니까 단축 수업을 하는 거지."

"맞아, 그 이상한 냄새를 맡은 애들이 한둘이 아니야. 나도 자꾸 의식해서 그런지 냄새가 나는 것 같아."

운동장을 지나 교문을 향하는데 역겨운 냄새가 바람에 실려와 코를 찔렀어요. 냄새는 학교 어디에서나 맡을 수 있을 정도로 심해졌어요.

## 괴물의 정체

단축 수업은 계속되었고, 학교 선생님들은 아이들이 지하실 쪽으로 가지 못하도록 철저히 막았어요. 단축 수업 열흘째 되던 날 제인과 토미가 집에 오자 동네 어른들이 거실에 모여 회의를 하고 있었어요.

"지난주에 비가 많이 온 날 하수구에서 검은 물이 밖으로 흘러나왔다는 소식 들으셨지요? 지금 그 근처의 나무와 꽃이 모두 말라 죽었어요."

"학교 운동장에서 나온 검은 액체가 돌까지 녹였다잖아요. 이제 학교가 폐쇄된다고 하던데."

"우리 아이가 여기에 이사 오고 부터 천식이 생겼어요."

"더 이상 정부의 조사만 기다리고 있을 수 없어요. 제가 집집마다 방문해서 물어봤더니 기형아들이 많더라고요."

"이게 다 학교 지하에 묻혀 있는 유독성 산업 폐기물 때문이 아니면 무엇 때문이겠어요? 거기서 나온 화학 물질이 지하실 바닥까지 스며들어 올라왔어요. 우리가 직접 항의를 해야 합니다."

지역 신문 기자인 옆집 아저씨가 자료를 나눠 주며 말하자 다른 아주머니가 말했어요.

"우리가 돈도 많고 힘도 센 대기업을 어떻게 이겨요? 이렇게 미뤄지

는 것을 보니 시청도 대기업과 한편인 게 틀림없어요."

저마다 한마디씩 하느라 거실은 어수선했어요.

"맞아요. 조사원들도 다들 기업 편인가 봐요. 마을에서 나오는 검은 화학 물질이 건강에 직접적인 영향이 없다고 보고했대요."

조사를 하려면 비용이 많이 들기 때문에 기관은 비용을 어디에서 받느냐에 따라 다른 조사 방법을 선택해요. 그러니 결과도 다르게 나오는 경우가 있어요.

"오늘 주민들에게 전화를 돌렸는데 다들 비관적이에요. 동네에 이상한 소문이 나면 집값이 떨어지니 조용히 있으라는 소리까지 들었다니까요? 그냥 건설 회사에서 준 보상금을 받고 이사를 가야 할까 봐요."

그때 퇴직한 교장 선생님이 말씀하셨어요.

"나는 교장직을 그만두었더니 보상금에 눈이 멀어서 다니던 직장을 팔아먹느냐는 소리도 들었어요."

"우리가 서로 믿지 못하고 미워하게 만들려고 부동산 개발업자와 화학 회사가 중간에서 이간질을 하는 거예요. 우리도 변호사도 선임하고 나이아가라폴스 시에 항의도 더 강력하게 합시다."

어른들은 이번에 대기업이 소수를 상대로 횡포를 부리는 것을 막지 못하면 기업들이 돈이라면 무슨 일이든 서슴지 않는 괴물이 될 것이라고

했어요. 2층 계단에서 어른들의 말을 듣던 토미가 제인에게 속삭였어요.

"소문이 아니었구나. 진짜로 우리 학교 지하에 괴물이 버려 놓은 쓰레기가 있었어."

"오빠 그게 무슨 소리야? 학교 지하에 무슨 쓰레기가 있는 건데?"

"회사에서 물건을 만들면서 나온 유독성 쓰레기가 학교 지하에 묻혀 있대. 한 화학 회사에서 제품을 만들면서 나온 많은 양의 독한 화학 쓰레기를 웅덩이에 묻고 그 위에 집과 학교를 지어 저렴한 가격으로 판 거지. 우리가 대기업보다 정보도 없고 힘도 약하기 때문에 이렇게 당하고 있는 거야."

"아, 진짜 화가 나서 안 되겠어."

제인이 주먹을 꼭 쥐면서 일어났어요.

"뭘 어쩌려고?"

"아까 옆집 아저씨가 나이아가라폴스 시가 제대로 조사하지 않으면 시위라도 해야 한다고 했어. 나도 항의 시위에 나갈래. 한 명이라도 더 참가하면 도움이 되겠지."

"오, 용감해졌네. 그래, 같이 가서 우리를 만만하게 보면 안 된다는 것을 보여 주자."

토미와 제인은 서로 주먹을 마주쳤어요.

## 산업 쓰레기가 왜?

### 회사가 버린 화학 쓰레기 위에
### 학교를 세웠어요

> 러브 캐널 마을은 왜 유독성 화학 물질 위에 지어졌나요?

　1892년 한 사업가가 나이아가라 폭포 근처에 배가 다닐 수 있는 물길을 만들고 발전소를 세우려고 했어. 하지만 시작하고 얼마 지나지 않아 미국의 경제 불황으로 거대한 웅덩이만 남기고 사업은 중단되었지. 이후 쓰레기를 버리거나 군부대에서 화학 무기까지 버리는 등 몇 십 년 동안 방치되었어. 그 후 1940년대에 한 화학 회사가 땅을 사들여 화학 폐기물을 철로 만든 드럼통에 넣어 이 웅덩이에 버리고 진흙으로 덮었어.

　이후 이 지역의 인구가 늘어나자 나이아가라폴스 시교육위원회는 학교를 지을 만한 땅을 찾던 중 화학 회사에게 러브 캐널의 땅을 팔라고 했어. 회

사는 처음엔 폐기물을 매립한 곳이라서 팔지 않겠다고 했지만 시교육위원회가 계속 땅을 사고 싶어 하자 못 이긴 척 단돈 1달러에 땅을 팔았어. 사실 1달러는 미국법상 계약을 하기 위해 최소한의 조건을 갖춘 상징적인 의미의 금액으로 공짜나 마찬가지였지. 회사는 위험한 물질을 매립했다는 사실을 미리 알렸다는 내용을 계약서에 써 넣어서 책임을 회피하려고 한 거야. 이후 이 지역에 학교와 주택이 세워졌고 학교 운동장과 지하실에서 땅에 묻혀 있던 화학 물질이 나오기 시작했어.

## 세계 최초 '환경 재난 지역' 선정

유독성 화학 폐기물이 매립된 러브 캐널에 학교와 주택가가 조성되었어. 그러던 어느 날 하수도 건설을 하던 중 진흙층이 무너지면서 마당에 온갖 화학 물질이 쏟아져 나오고 엄청난 악취가 마을 전체에 풍기기 시작한 거야. 하지만 정부는 아무런 해결책도 세우지 않았어.

보다 못한 지역 신문의 두 기자가 러브 캐널에 유독성 화학 물질이 있다는 사실을 알아내고 주민들의 건강 상태가 얼마나 심각한지 조사했어. 결국 사건이 알려지면서 대통령이 조사를 지시했어. 이 지역의 땅과 지하수가 폴리염화 바이페닐과 린덴 등 유독성 화학 물질로 심하게 오염된 것을 공식적으로 확인했어. 지역 주민의 3분의 1은 백혈구 수치의 증가와 염색체 손상이 나타났고 그 당시에 출생한 아기 16명 중 9명이 기형아였으며 다른 지역에 비해 네 배 이상 높은 유산율이 나타났어.

미국 연방 정부는 1978년 러브 캐널 일대를 '긴급 환경 재난 지역'으로 선포했어. 학교와 주택들을 철거하고, 이곳에 살던 235가구를 이주시켰지. 이 사건으로 사람들은 불법 폐기물 매립이 얼마나 심각한 문제를 일으키는지 알게 되었어.

## + 지식플러스

### 환경 재난 이후 이야기

1980년대 미국 대통령은 환경 오염을 일으킨 자에게 환경 오염에 대해 배상 책임이 있다는 규정을 만들고 보상에 관한 법인 슈퍼 펀드법을 만들었어요. 그리고 5년 동안 발생하는 문제들을 신속하게 해결하기 위해 160억 달러의 자금을 만들었지요. 이후 러브 캐널을 다시 깨끗하게 만들기 위해 이 지역에 화학 물질을 제거하는 작업을 했어요. 화학 회사와의 소송에서도 이겨서 다시 깨끗하게 만드는 데 드는 비용과 주민들에 대한 보상금을 받아냈어요. 하지만 오랜 복구 작업에도 불구하고 여전히 땅이 가라앉거나 유해 물질이 나오고 있어서 사람이 살 수 없어요.

# 기업이 버린 쓰레기는
# 생활 쓰레기보다 위험해요

## 기업은 어떻게 강해졌을까요?

산업화가 되면서 기업은 많은 부를 쌓아 그 규모와 힘이 점점 거대해졌어. 더 큰 이익을 위해서 TV나 미디어를 통해 사람들이 더 많은 상품을 소비하도록 권했지. 더 많은 소비는 더 많은 쓰레기를 만들어서 환경을 파괴하지만 기업은 그 어떤 책임도 지지 않아. 국가가 기업의 횡포와 권력을 견제하고 조율해야 하지만, 경제 발전이라는 이유로 기업의 이익 추구를 우선시하는 정책을 만들기도 해. 심지어 개인은 파산하면 거리로 내몰리는데 정부는 기업의 파산을 막기 위해 세금으로 지원금을 주기도 하지.

또한 기업은 여론과 정치에 힘을 발휘할 수 있지만 개인들은 조직하고 연

대해서 불평등에 맞서기 어려워. 그래서 이런 불평등을 완화하기 위해 소비자 보호법, 약관 거래법, 공정 거래법을 시행하고 있어. 하지만 거대한 기업은 법 제정부터 시행까지 개인보다 유리한 위치에 있어서 소수의 개인이 기업을 상대로 소송하여 이기기는 쉽지 않아.

## 대기업이 만든 쓰레기로 많은 사람이 피해를 입어요

우리가 버리는 쓰레기가 환경을 오염시킨다는 것은 모두 알고 있을 거야. 그런데 가정에서 나오는 쓰레기보다 공장이나 건설 현장, 대형 축산 시설에서 나오는 폐수, 매연, 화학 물질, 폐자재, 가축의 배설물과 같은 쓰레기가 환경에 더 큰 위협이 되고 있어. 그래서 사람과 환경에 해로운 산업 폐기물은 처리에 있어서 특별한 법적 규제를 받고 있지.

유해 산업 폐기물만 문제를 일으키는 것은 아니야. 식품 산업의 유통 과정 속에서 발생하는 음식 쓰레기도 환경을 파괴하고 있거든. 굶주리는 사람들이 많은 나라도 있지만 인간이 먹기 위해 재배한 전체 식품의 3분의 1이 쓰레기로 버려지고 있어. 대형 마트, 프랜차이즈 음식점, 편의점은 유통 기한이 남았지만 안전과 외관상의 이유로 멀쩡한 식품을 포장도 제거하지 않은 채 버리고 있어. 음식 쓰레기가 섞인 쓰레기는 일반 쓰레기보다 21배 강한 온실가스를 뿜어내.

　기업이 만든 쓰레기로 인한 피해는 개인이 입는데 기업은 이에 대한 책임을 지지 않아. 폐기 비용만큼 제품 가격을 올리면 결국 제품을 사는 소비자가 폐기 비용까지 내게 되기 때문이야. 또한 기업이 벌어들이는 돈에 비해서 쓰레기를 불법으로 처리한 것에 대한 벌금은 아주 적은 금액이지.

## 소비자와 규정이 변하면 기업도 변해요

**소비자의 쓰레기에 대한 인식이 높아지자 변화하는 기업**

　기업의 힘이 개인보다 크지만 기업은 상품을 많이 팔기 위해 소비자를 만족시키려고 노력하지. 환경 문제에 관심을 갖는 소비자가 늘어남에 따라 친환경 제품을 만들고 쓰레기를 줄이려고 노력하는 기업이 늘어나고 있어. 버려지는 낙하산으로 세련된 디자인의 가방을 만드는 회사는 환경에 관심이 많은 사람들 덕분에 명품 가방 회사로 성장할 수 있었고, 친환경 소재의 옷감이나 가죽을 사용하는 회사도 있어. 기업들은 친환경 제품에 대한 소비자들의 호응을 받으며 더 많은 친환경 소재를 개발 중이야.
　플라스틱 쓰레기를 많이 만들어 온 패스트푸드 프랜차이즈 기업들은 고

객들의 비난과 우려가 계속되자 세계적으로 플라스틱 빨대 대신 종이 빨대를 사용하기 시작했어. 또한 개인용 컵을 가져오는 경우 제품 가격을 할인해 주는 카페와 편의점도 늘고 있지.

## 프랑스의 마트 음식물 쓰레기 금지법

　전 세계적으로 매년 130만 톤 이상의 음식물 쓰레기가 나오지만, 굶주림이나 영양실조로 죽어 가는 사람도 많아. 그래서 음식물 쓰레기의 양을 줄이려는 노력이 계속되고 있어.

　한 예로 프랑스에서는 마트에서 판매되지 않은 음식을 버리는 행위를 금지시키는 법안이 승인되었어. 마트는 유통 기한이 지나지 않았어도 기한이 얼마 안 남은 제품은 쓰레기로 버리고 있었거든. 아직 상하지 않아서 품질에 문제가 전혀 없는 제품인데도 말이야. 그런데 최근 음식을 찾기 위해 쓰레기통을 뒤지는 사람이 늘어나서 일부 마트에서는 자신들이 버린 음식을 먹고 식중독에 걸리는 것을 막기 위해 버리는 음식에 표백제를 뿌렸어.

　프랑스의 이 법안에 따르면 일정 크기 이상의 사업체는 자선 단체와 기부 계약을 체결할 의무가 있고 어기면 벌금이나 징역 처벌을 받아. 마트 등의 사업체가 식품을 버려서 쓰레기를 만드는 대신에 계약한 자선 단체에 판매되지 않은 유통 기한이 임박한 식품을 기부할 수 있게 한 거야. 이 법안을 제안한 사람과 국회의원들은 수천 명의 굶주리는 프랑스인을 위해 이 법안을 만들게 된 거지.

### ➕ 지식플러스

### 푸드뱅크

유통 기한은 말 그대로 소비자에게 제품을 판매할 수 있는 기한이에요. 식품 회사는 안전상의 이유로 식품이 상할 것으로 예상되는 훨씬 이전 날짜로 유통 기한을 표시해요. 따라서 실제로 유통 기한이 지난 식품도 한동안 신선한 상태예요. 이렇게 식품의 생산, 유통, 판매, 소비의 각 단계에서 발생하는 남은 먹거리를 업체나 개인 등으로부터 기부를 받아 필요로 하는 복지 시설이나 개인에게 무상으로 제공하는 식품 지원 복지 서비스 단체를 푸드뱅크라고 해요.

### 교과서 속 불평등 키워드

**# 산업 쓰레기** 공장이나 건설 현장 등에서 원료를 제품으로 생산하면서 나온 쓰레기

**# 쓰레기 매립** 쓰레기를 처리하는 마지막 단계로 재활용이 안 되거나 태운 쓰레기를 땅속에 묻는 방법

# 제6장

## 기술 간 불평등

## 오싹한 캠핑

### 오로라 여행

아이슬란드에 사는 욘 가족과 아빠의 친구인 베르그 아저씨 가족이 캠핑을 가기로 한 날이에요. 욘은 이번에도 오로라를 볼 수 있길 기대하며 일어났어요. 핸드폰을 확인하니 베르그 아저씨의 아들인 콜베인 형에게 문자가 와 있었어요.

'엄마가 천문학 학회에 참석하느라 같이 못 가신다고 내가 실망할까 봐 캠핑카를 빌려주셨어. 우리 학교 우주 과학 동아리 게시판을 확인해 보니까 오늘 오로라가 나타날 가능성도 높다고 나와. 우리 출발한다.'

욘은 캠핑카까지 탈 생각에 너무 좋아서 침대에서 펄쩍 뛰어 내려와 거실로 나갔어요. 오늘도 뉴스에서 우주 쓰레기가 떨어질 것으로 예상되는 지역을 세계 지도에 표시하며 보여 주고 있었어요. 짐을 싸던 아빠가 엄마에게 말했어요.

"언제까지 몇 개 나라들 때문에 전 세계가 이 고생을 해야 하는 거야?

이제 일기예보처럼 매일 듣고 있어."

"그래도 오늘은 우리나라에 떨어질 가능성이 거의 없다고 하니 정말 다행이야."

욘의 가족들은 베르그 아저씨의 캠핑카를 타고 최근 오로라가 자주

나타난다는 숲으로 출발했어요. 텐트를 치고 캠핑을 즐기던 욘 일행은 저녁을 일찍 먹은 후 모닥불을 끄고 캠핑 의자에 느긋하게 앉아서 오로라가 나타나길 기다렸어요. 주변에 다른 일행들도 모두 불을 끄고 하늘을 바라보며 도란도란 이야기를 나누었어요.

주변이 어두워서 평상시보다 더 많은 별이 반짝이고 있었어요. 그때 누군가 외쳤어요.

"저기 유성이 떨어진다!"

"얘들아, 어서 유성에게 소원을 빌자."

엄마가 말했어요. 욘은 유성을 보며 얼른 소원을 빌고 콜베인 형에게 물었어요.

"별은 왜 떨어지는 거야?"

"유성은 우주 공간을 떠돌던 암석이 지구 근처에 왔을 때 중력에 의해 떨어지면서 공기가 압축돼서 불이 붙은 거야. 그래서 꼬리가 달린 것처럼 빛을 내면서 땅으로 떨어지기 전에 대부분 타 버려. 다른 말로 별똥별이라고도 해."

콜베인이 유성에 대해 설명하던 중에 거대한 오로라가 나타났어요. 이전에 봤던 오로라와는 비교도 되지 않을 만큼 커다란 초록빛이 바람에 날리는 커튼처럼 일렁였어요.

## 누가 우주에 쓰레기를 버렸나?

캠핑을 하던 사람들은 탄성을 지르며 오로라를 찍느라 바빴어요. 콜베인도 오로라를 찍어서 엄마에게 보냈는데 곧 엄마한테서 전화가 왔어요.

"모두들 당장 그곳에서 벗어나야 해! 지금 거대한 우주 쓰레기가 숲으로 떨어지고 있어. 어서 동쪽으로 7km 떨어진 대피소로 가!"

콜베인 엄마의 말이 끝나기가 무섭게 핸드폰으로 긴급 재난 안내 문자가 울렸어요. 캠핑을 하던 사람들은 어서 피하라고 소리를 지르며 차로 달려갔어요. 곧 경찰차가 사이렌을 울리며 도착했고 사람들을 대피소로 안내했어요. 욘도 아빠의 손에 이끌려 캠핑카로 뛰어 들어갔어요. 일행이 모두 차에 탄 것을 확인한 베르그 아저씨는 경찰차를 따라 차를 몰았어요. 욘은 차창 밖으로 쏟아지는 유성들을 보며 다치는 사람이 없게 해달라고 빌었어요. 곧 유성이 떨어진 곳에서 굉음이 났고 엄마 아빠도 놀라셨는지 욘과 콜베인 형을 부둥켜안았어요.

캠핑을 하던 사람들은 너무 놀라 대피소에 마련된 간이침대에서 가족들과 통화를 하며 뜬눈으로 밤을 지새웠어요. 조금 진정이 되자 욘은 궁금한 것이 생겼어요.

"쓰레기는 인간이 사는 곳에만 있는 줄 알았는데 어떻게 아무도 살지 않는 우주에도 쓰레기가 있어요? 우주 비행사들이 우주에 버리고 온 거예요?"

베르그 아저씨가 대답했어요.

"우주 쓰레기는 우리가 버리는 생활 쓰레기와 다르단다. 오래되거나 고장이 나서 멈춘 인공위성이나 로켓, 또는 부서진 파편들이지. 우주 비행사가 작업 도중에 떨어트린 공구나 부품도 있어. 이 쓰레기들이 다른 인공위성이나 우주선과 충돌하면 더 많은 쓰레기를 만들어 내고 우주 비행사들의 생명도 위협할 수 있어."

"아, 그럼 우주 쓰레기들도 유성이 떨어지는 것과 같은 원리로 지구에 떨어지는 거예요?"

"맞아. 우주 쓰레기도 대기를 통과할 때 불에 타서 없어져. 하지만 크기가 크거나 타지 않고 남은 파편은 작은 조각이어도 중력 때문에 수백 킬로그램의 충격으로 떨어지지."

새벽이 되어서야 우주 쓰레기 경보가 해제되고 욘 일행은 두고 온 물건을 찾으러 숲으로 갔어요. 숲은 조용했던 어젯밤과 달리 취재하러 온 방송국 직원들과 우주 쓰레기 파편을 찾는 경찰들로 소란스러웠어요.

## 우주 쓰레기가 떨어진 목장

욘 일행은 짐을 챙긴 후 버크 아저씨가 운영하는 양 목장으로 향했어요. 버크 아저씨도 아빠의 친구예요. 캠핑 마지막 날에 목장으로 놀러갈 계획이었지만 어젯밤 양 목장에 우주 쓰레기가 떨어졌다는 소식을 듣고 걱정이 되어서 아침에 가기로 했어요.

목장 주변에도 방송국과 경찰 차량이 가득했어요. 아빠와 베르그 아저씨가 무너진 거대한 축사 앞에서 양을 돌보고 있는 버크 아저씨에게 달려갔어요.

"버크, 양들은 모두 무사한 거야?"

"어젯밤에 폭탄이 터지는 것같이 큰 소리가 나서 내다봤더니 우주 쓰레기가 축사 지붕으로 떨어졌더군. 전쟁이 따로 없어. 양들이 난방기 근처에 모여 있어서 다치지는 않았는데 많이 놀랐나 봐. 방금 새끼를 밴 어미 양들이 유산을 했어. 아직 어린 양들은 먹이를 못 먹고 있고."

베르그 아저씨가 물었어요.

"이거 복구하려면 한참 걸리겠는걸. 양들이 겨울을 무사히 나야 할 텐데……. 배상은 받을 수 있는 거야?"

버크 아저씨가 한숨을 쉬며 말했어요.

"떨어진 파편이 어느 나라의 것인지 밝혀지지 않아서 결과가 나오면 해당 국가에 손해 배상을 청구한다고는 하는데 얼마나 오래 걸릴지 누가 알겠어?"

엄마가 웅크리고 있는 양을 쓰다듬으며 말했어요.

"어느 나라인지 뻔하지. 우주 발사체를 쏘아 올린 나라가 몇 개나 된다고."

욘이 콜베인 형에게 귓속말로 물었어요.

"어느 나라에서 버린 우주 쓰레기야? 형도 알아?"

"몇 개 나라 중 하나야. 미국, 러시아, 중국, 유럽, 인도, 일본 정도. 발사체를 쏘려면 어마어마한 돈과 고도의 기술이 필요하기 때문에 웬만한 나라는 시도조차 할 수 없어."

욘은 어젯밤 떨어진 유성이 우주 쓰레기인 줄 모르고 소원을 빈 것이 씁쓸했어요. 그리고 먹이도 먹지 못 할 만큼 놀라서 떠는 양들이 불쌍했어요.

욘은 버크 아저씨를 도와 어린 양들의 입에 젖병을 가져가 봤지만 물지 않았어요. 그때 무너진 축사를 찍던 콜베인 형이 양들을 찍기 시작했어요.

"형, 뭐 해? 우주 과학 동아리 사이트에 올리려고?"

"국제 우주법과 우주 쓰레기 조항을 만들어야 한다는 온라인 서명 운동이 있더라고. 직접 겪은 사람들의 이야기를 올리면 더 많은 사람들이 관심을 가질 거야."

"형, 나도 할래. 내가 안고 있는 양이 젖병을 물지 않으려고 하는 것도 찍어 줘."

콜베인과 욘은 농장을 돌아다니며 피해 현장을 영상에 담아 SNS에 올렸어요.

## 우주 쓰레기가 일상을 위협해요

### 우주 쓰레기의 탄생

우주 쓰레기란 인간이 만든 우주 공간을 떠도는 물건을 말해. 고장이 나거나 임무가 끝난 인공위성부터 인공위성 연료로부터 흘러나오는 아주 작은 미세한 입자들까지 모두 우주 쓰레기야. 또 로켓 혹은 우주 왕복선의 표면에서 떨어져 나간 페인트 부스러기, 우주 비행사가 놓친 공구나 부품 등도 우주 쓰레기가 될 수 있어.

우주 쓰레기는 최근 몇 년 사이에 급격하게 증가했는데 2007년 중국이 인공위성을 폭파시키는 실험을 했고, 미국과 러시아의 인공위성이 충돌했기 때문이야. 그리고 더 많은 인공위성을 궤도에 쏘아 올리고 있고, 수명이 다

 한 인공위성도 늘어나고 있어서 앞으로 우주 쓰레기의 양은 더욱 증가할 것으로 예상돼.

 인공위성은 지구 주위를 다양한 궤도를 따라 돌고 있어. 그런데 낮은 궤도로 돌던 인공위성은 지구가 잡아당기는 중력의 영향으로 조금씩 궤도에서 벗어나. 위성에 연료가 남아 있을 때는 조정해서 다시 원래 궤도로 되돌려 놓을 수 있지만 연료가 없거나 수명이 다한 인공위성은 지구로 추락해.

## 우주 개발의 발목을 잡는 우주 쓰레기

우주 쓰레기는 우주에서 빠른 속도로 움직여서 인공위성이나 우주인과 충돌한다면 치명적인 피해를 줄 수 있어요. 이미 1980년 태양 관측 위성인 솔라 맥스는 발사 두 달 만에 우주 쓰레기와의 충돌로 고장이 나서 지구 주위를 떠돌아다니다 수리를 받고 다시 태양 관측을 할 수 있었어요.

## 우주 쓰레기가 떨어질까 봐 불안해요

　스페인은 천재지변이나 전쟁 상황도 아니지만 중국이 쏜 로켓의 잔해물인 우주 쓰레기를 피하기 위해 하늘길이 40분 동안 폐쇄되고 46개 공항에서 300개의 비행기가 이륙하지 못했어. 실제로 우주 쓰레기는 스페인 상공을 지나 남아메리카 서쪽 태평양에 추락했어.

　인도의 한 마을은 마을 잔치 준비 중에 거대한 쇳덩어리가 추락하고 하루에도 여러 번 우주 쓰레기 공습에 시달리기도 했지.

　기후 온난화에 따라 지구 보호막 역할을 하던 대기권의 공기층이 약해져서 우주 쓰레기를 태워 버리지 못한다는 연구 결과가 발표되기도 했어. 게다가 우주 발사체의 수가 늘면서 우주 쓰레기의 양도 계속 증가하고 있어.

# 몇 나라들이 만든 우주 쓰레기로 전 세계가 피해를 입어요

## 우주 쓰레기를 만드는 나라들

우주 개발은 최첨단 기술을 이용해야 해서 막대한 자본과 기술력이 있는 나라만 할 수 있어. 따라서 미국, 러시아, 중국, 유럽, 인도, 일본 등 몇몇 선진국이나 큰 나라들이 우주에 인공위성이나 탐사선을 발사했고 우주 쓰레기를 만들었어. 반면에 아프리카와 남아메리카 지역을 비롯한 제3세계 나라들은 우주 개발에 참여하지 못하고 있지. 이 국가들은 19세기 후반에 선진국의 식민지였던 지역이 많아. 그래서 우주 개발도 아프리카나 아메리카 대륙을 정복한 유럽 제국들의 모습과 비슷해서 우주 제국주의라는 비판을 받기도 해.

하지만 우주 쓰레기는 만든 나라에만 떨어지는 것이 아니라 우주 개발에 참여하지 못하는 나라에도 떨어져. 그리고 방송 통신망이 인공위성과 연결되어 있어서 우주 쓰레기가 인공위성과 충돌하면 인공위성에서 정보를 받고 있던 나라들의 통신망도 망가지게 돼. 또한 뒤늦게 우주 개발에 뛰어드는 나라는 이전에 쓰레기를 만들어 놓은 나라 때문에 어렵게 쏘아올린 우주선이나 인공위성이 우주 쓰레기와 충돌할 위험이 있지.

## 왜 우주 개발에 천문학적인 돈을 투자할까요?

미국은 정부와 민간 기업이 우주 탐사와 관광까지 시도하고 있고 러시아도 대통령이 직접 세계 우주 시장 점유율을 높이겠다고 발표했어. 중국도 우주 정거장을 만들기 위해 우주선을 발사하고 있어. 사람들은 왜 이렇게 많은 비용을 쓰면서 우주를 개발할까?

처음 우주 개발을 주도했던 미국과 러시아는 군사적인 목적 때문에 경쟁을 했어. 사실 인공위성의 개발도 제2차 세계대전 때 독일이 쏜 로켓 기술을 러시아가 이용하여 인공위성 발사에 성공했기 때문이야. 그 후로 여러 나라에서 계속 연구한 덕분에 오늘날의 인공위성은 군사력에도 큰 영향을 끼치고 기상 정보도 예측하지. 핸드폰이나 방송 통신의 사용과 GPS 등 위치 정보도 인공위성이 있어야 가능해. 이제 강대국들은 군사적, 경제적인 목적을 위해서 우주에 진출하고 있어.

## + 지식플러스

### 케슬러 증후군

우주 쓰레기가 다른 우주 쓰레기나 인공위성에 맞아 파괴되면 그 파편이 또 다른 인공위성과 부딪히게 되고 연쇄 폭발을 일으켜서 기존의 인공위성도 사용할 수 없게 될 것이라는 경고예요. 처음 이 개념을 발표한 나사의 과학자 케슬러의 이름을 따서 '케슬러 증후군'이라고 해요. 논문을 발표했을 당시에는 우주에 발사한 로켓이 많지 않아서 주목을 받지 못했지만 지구 궤도를 떠도는 인공위성의 숫자가 많아진 지금, 우주 개발의 큰 문제가 되었어요.

# 우주 쓰레기의 피해를 막으려는 노력들

## 우주 쓰레기를 수거하는 기술

우주 쓰레기 청소 기술은 우주 개발을 위해 없어서는 안 되는 기술이어서 기술 강대국들이 여러 방안을 개발 중이야. 그중 몇 가지를 소개할게.

첫 번째, 그물을 던져서 한데 모아 대기권으로 떨어뜨리는 방법이야. 대기권에 들어온 우주 쓰레기는 유성처럼 땅으로 떨어져서 불타 없어져. 물론 너무 크면 다 타기 전에 떨어지기 때문에 작은 쓰레기만 청소할 수 있어.

두 번째 방법은 우주에 거대한 막을 띄워서 막에 부딪힌 쓰레기가 땅으로 떨어지게 하는 방법이야. 일명 우주 끈끈이라고 불리는데 우주에 띄우기가 어려워.

세 번째 방법은 레이저 빔을 발사해서 우주 쓰레기를 대기권으로 추락시키는 방법이 있어. 마지막으로 거대한 풍선을 로켓에 달아서 우주를 돌아다니며 쓰레기를 모아 지구로 가져오는 방법도 있지.

## 국제적 우주 쓰레기 협약

우주 탐사에 관한 최초의 헌법인 '우주 천체 조약'이 1967년에 제정되었어. 우주 탐사 시 환경 오염을 최대한 줄이는 방법을 택해야 하며, 국제법에 따라 평등하게 우주를 탐사하고 이용하며 자유롭게 접근할 수 있다는 조항을 포함하고 있지. 우리나라를 비롯한 100여 개 국가가 이 조약에 서명했어. 하지만 이를 어길 경우 법적 구속력이 없어서 비판도 받고 있어.

우주 쓰레기가 해를 끼쳤을 경우 손해 배상 협약도 필요하고 전 세계의 안전을 위해 우주 쓰레기를 만든 나라가 협력해 우주 쓰레기 청소에 나서야 한다는 강력한 우주 법규가 필요해. 우주 쓰레기 문제는 더 이상 과학 기술의 문제만이 아니라 외교적 협력을 기본으로 하는 법과 제도의 대상이 되었어.

## 교과서 속 불평등 키워드

**# 위성** 행성이 끌어당기는 힘에 의해 행성의 주위를 돌고 있는 천체

**# 인공위성** 인간이 만든 위성. 지구와 같은 행성의 둘레를 돌 수 있도록 로켓 등을 이용해 대기권 밖으로 쏘아 올린 장치

**# 제국주의** 19세기 후반부터 20세기 초반까지 유럽, 미국, 일본 등 자본주의 열강이 강력한 군사력과 경제력을 바탕으로 아시아와 아프리카를 침략하여 지배력을 확대시키려 했던 사상